U0584759

玩转视频号

金满铮　著

★★★★★

接地气，有逻辑，可实践！

掌握视频号的底层逻辑，抓住短视频的红利期

内蒙古文化出版社

图书在版编目（CIP）数据

玩转视频号 / 金满铮著 . — 呼伦贝尔：内蒙古文化出版社，2024.1
ISBN 978-7-5521-2482-8

Ⅰ . ①玩… Ⅱ . ①金… Ⅲ . ①网络营销 Ⅳ . ① F713.365.2

中国国家版本馆 CIP 数据核字（2024）第 017990 号

玩转视频号
WANZHUAN SHIPIN HAO
金满铮 著

责任编辑 白 鹭
封面设计 鸿儒文轩 · 书心瞬意

出版发行 内蒙古文化出版社
地 址 呼伦贝尔市海拉尔区河东新春街4－3号
直销热线 0470－8241422 **邮编** 021008

排版制作 鸿儒文轩
印刷装订 三河市华东印刷有限公司
开 本 155mm × 225mm 1/16
字 数 187千
印 张 16
版 次 2024年1月第1版
印 次 2024年1月第1次印刷
书 号 ISBN 978-7-5521-2482-8
定 价 56.00元

第一章　知识篇

第二章　内容篇

第五章　个人篇

第六章　日记篇

第七章　晴天篇

最后的话

附 录

导 读

我写《玩转视频号》的想法，其实受到了李诞的《李诞脱口秀工作手册》的启发。学脱口秀别人都在教方法，而李诞在给答案和个人经验。我通过学习，决定把之前的公众号文章:《日更联盟：视频号橙皮书》的两次内容进行整理，所有的内容都是基于视频号——“@晴天讲段子”的账号经验和之前我自身针对互联网的一些“玩法”相结合而输出的，我总结为3个词：接地气、有逻辑、可复制。

未来五年，短视频一定是主流媒体，而直播应该是电商范畴的促销形态。短视频可以直接带货，比如博主开箱，比如产品使用说明，等等。短视频也可以为企业服务，做内容或者知识输出。无论你未来要不要做短视频，短视频一定会改变现在很多的元素，比如用户链接的方式，比如产品表达的手段，比如公司招聘的渠道，比如品牌推广的载体等，所以学点有用的内容，对你肯定有好处。

“@晴天讲段子”在2021年的8月、9月连续2个月，每天都能登上视频号的动态推荐。幸运的是，有一条作品还在国庆期间成为一个小小的热门话题，4天破了200万的播放量。我的所有成长离不开腾讯平台上所有网友的认可，身边朋友的鼓励与支持。

本书的内容适合有互联网知识、营销基础的读者来学习。它可以帮助你懂得互联网的用户思维，理解营销的基础逻辑，更好地把内容应用到你的视频号上。如果你还是零基础，我建议多去看看“@金满铮”的视频号，或者用这本书的第一章“知识篇”填补一下知识空白。

第一章
知识篇

故事：金石村的故事，你能听懂多少呢?

从前有一个村子，叫金石村。村里有一个人叫老王，他是村主任媳妇的表哥。这老王平时没什么爱好，就喜欢去山上采茶叶。有一天，老王在村后二里地外的断平山玩，到了傍晚，他在山顶的一个小洞穴里，挖出了十两黄金。

老王觉得洞里的黄金肯定不是别人埋进来的，他猜测里面可能还有，就打算先下山，准备第二天拿着铁锹来挖。老王到家也没敢跟家里人宣扬，偷偷摸摸地把金子放在了家里的水缸后面。

可是第二天一大早，一场地震突如其来，村里好多房子都毁了，还有村民受了伤。村主任家是村里的风水宝地，老王和村主任没什么事。老王想起山洞里的金子，他就又兴致勃勃地拿着铁锹去山上挖宝。没想到的是，那个洞口塌陷了，被厚厚的泥土盖住了，老王怎么也找不到入口了。

老王想继续挖金子，就跟当村主任的妹夫说，他愿意带着村民一起上山挖金子，如果能挖到金子，他就跟村民们平分这些财富，毕竟一场地震下来，很多人要花钱修房子。

这个消息刚被村主任放出去，周边村子的村民以及镇上的老百姓就都知道了，大家一哄而上，都来到山下准备淘金。这个断平山平时很少有人来，因为这里杂草丛生，山上的石头又大又硬。现在地震又导致泥土非常松散，一不小心就可能从山腰上掉下去，而最可怕的是这个山上曾经出现过老虎，咬伤过人。

村民们看到这么多问题就开始嘀咕，到底有没有金子，村主任和老王不会骗我们吧？到底如何爬到山顶，到了山顶洞口该怎么找，用什么工具挖最快？如何防着老虎，避免自己被咬？

结果 80% 的人选择在山下观望，只有剩下的 20% 的人愿意尝试跟着老王去挖。而从镇上来的人，大多数都自己组团去挖，没有跟老王混在一起。挖金子的第一件事，是要把杂草清了，大石头要搬开，还要清出一条能走的道儿。然后就是要找到洞口，之后用各种专业的挖掘工具配合着干。大伙儿挖了没几天，村主任的儿子就有了一些新想法。

村主任的儿子心想，如果大家都想挖黄金，那不如自己随便画一幅藏宝图卖，告诉大家哪里有黄金，哪里有老虎，这样赚钱比挖金子更省事。而且村主任的儿子有两点优势：第一，他是村主任的儿子，他们家发布的信息比较权威。第二，老王是唯一挖出过金子的人，而且还是他的表舅。

最后，村主任的儿子以十九块九的价格开始卖他的《淘金指南》，那销量是相当好啊！没多久，一个从镇上来的女孩，她号称是村主任儿子的女朋友。她偷偷跟别人说，她跟村主任的儿子分手了，拿到了地图的手稿，自己拿到镇上印了很多副本，就开始卖“二手地图”，九块九一张，还送一瓶矿泉水，结果又卖翻了！随着地图的热卖，很多没挖到金子的人，也回到村里开始卖地图，甚至有些人直接在山下摆地摊，卖一些吃的喝的，卖锄头和铁锹，卖盛金子的筐，卖手电筒和手套。最终，虽然跟着老王挖出金子的总共不超过 10 个人，但是在挖金子的过程中，却养活了一大批小商贩。故事我就讲到这里，接下来就拆解一下里面的逻辑和我想表达的知识点。

做短视频一定是一个新的风口，做内容搞直播赚钱，就好比在山洞里挖金子一样。在第一波红利中，大家肯定都能赚到钱，但是能不能持续赚钱，就要看你的付出和山洞里到底还有多少金子可挖。

所有“有流量”的平台一旦出现官方发布的信息，一定会引来很多专业和非专业的选手入局。只要有钱赚，不论是一、二线城市，还是三、四线城市，用户的需求是相同的，大家都会疯狂地做内容。

当入局做短视频的人遇到困难和挑战，“28 原则”就会显现出来，大多数人都是观望和做不好，只有少数人做了或者有了相应的结果，成功永远属于收获第一波红利和愿意付出的人。

短视频带来的商业机会可能导致第二波赚到的钱，不是因为内容和直播打赏，反而是做培训、“卖地图”的人赚了“割韭菜”的快钱。普通老百姓都交了“智商税”，平台的内容也会越来越难做。

降维打击的出现，让更多人获利，卖“二手地图”唤醒了更多视频从业者，因此山上没挖出金子的人，凭借自己的经验，也加入了培训市场。

一个平台的崛起，一定会带动一个生态的发展。卖七七八八东西的小贩们，反而帮助挖金子的把市场做得更完善，从吃喝到用具。盈利的人，不一定是靠挖金子，也许是其他的衍生产品或者服务。

这个故事还有很多漏洞与不完美，但是希望这个小故事告诉每一个正在从事短视频行业的“你”，赚钱很重要，赚什么钱是你我都要先考虑的点。我剧透一下，这个故事是我要写的营销小说《淘金者》内容的开篇。

主播：做主播之前，需要理解的知识点有哪些？

做好主播，要先理解四组关键词。这四组词分别是：用户思维 VS 产品思维，关系社交 VS 内容社交，私域流量 &IP 人设，网红经济 & 直播带货。

1. 用户思维的理念是不是已经过时了？

用户思维是我最爱讲的一个话题，毕竟不是所有人都从事互联网的工作。新冠肺炎疫情让更多的线下老板抓破了头，使劲儿把自己的团队、产品、渠道往网上拽。但网络上唯一不缺的就是产品，拥有最多的就是用户。

免费是网络上最常出现的形式，从软件到服务，从用户获取到内容交付。如果你真的想在网上卖东西赚钱，可以先问问那些电商平台的商家，他们现状如何。

用户思维就是满足所有线上用户的所有基础需求，包括娱乐、购物、新闻、游戏、知识等。如果你的产品不能满足用户，就要学会换个角度表达。比如卖车的，可以讲段子；比如卖房的，可以秀歌喉。

不论你的产品在什么平台展现，你都可以做到欲擒故纵。不一定先卖东西，而是先学会卖“内容”。如果你还是不懂我说的，可以借鉴一下“见人下菜碟”的理论。

打个比方，如果现在有人问我，金满铮是谁？我会有以下 8 个答案。

①我是营销讲师。

②我是晴天的爸爸。

③我是《我很在行》和《众筹很盲》的作者。

④我是优米、爱奇艺、三节课、馒头商学院等知名平台的合作讲师。

⑤我是抖音号“@晴天讲段子”和“@金满铮”两个账号运营者。

⑥我是“众筹小王子”。

⑦我是全国多所大学总裁班的特邀讲师。

⑧我是目前线上培训平台上最具明星脸的老师。

我还有很多公司的头衔等答案，就是要看你想找我做什么事！以上部分你可以理解为我在给自己打广告，但是我也在解释给你听，什么是用户思维。

不论你过去，现在，还是未来，只要做线上营销，用户思维是不会变的。

2. 产品思维是不是会把你禁锢在线下呢？

我讲课这些年，发现全国各地的老板，都有很强的产品思维逻辑。每个加我微信的老板或者创业者，都在给我“洗脑”，表达他们的产品有多好。说句实话，我不可能对所有产品都了解，但是也架不住天天听“知识”，这让我或多或少开始理解，为什么好产品自己会说话了。

一讲到产品思维，我就会推荐梁宁老师的《产品 30 讲》。这 30 讲我看了 3 遍，它对完善我自己的课程体系和提升我的知识逻辑起到了很大帮助。好的产品都会从材质、产地、外观、性能等各个方面去提升自己。但是为什么互联网公司打造的品牌却只注重宣传推广呢？

我在这里为所有被质疑过的互联网的实物品牌说一句话："如果他们的产品真的太差，他们也不会存活那么久！"你会说它们做得不够好，也不是行业里的 TOP 品牌，但是你可能不知道为什么它们能博得那么多人的喜欢。

其实原因在于，网络用户太多了，这些品牌是把产品思维做到了极致，并且把用户的使用场景、购买习惯、用户反馈等各个环节问题全部都考虑进去，然后开始切一块相对细分的市场做营销。

想做好线上营销的前提，确实是要用好的产品思维做产品，但是要学会适应线上的需求，来进行一轮轮的调整和变化。再做个比喻，用户思维是女人，产品思维是男人，一个偏感性，一个偏理性，二者之间不是相互 PK，而是相互协调，做到客户买单，用户好用的最佳状态。

在大家看来，互联网和电商这两个行业，是蓬勃发展的产业。其实他们已经完成了自己的历史使命，为未来的众多行业搭建了基础平台。他们是 21 世纪的传统行业了，如果你还是处在 20 世纪的传统行业里摸爬滚打，垂死挣扎，那就赶快去学习和理解行业的新变化吧。

你或许觉得我是站着说话不腰疼，以一个外行的身份对传统行业来评头论足。那我就真诚地告诉你，我接触过的行业老板，或许比你见过的还要多。多去听听别人的经验教训，或许你也知道该怎么做了。因为有一种可能，即使你对你的行业很在行，但也许没多久你的行业就没了呢？

3. 关系社交会是国内持续变现的方式。

关系社交这个词，应该最能描绘我们所处的环境。有时候虽然你的产品好，但不一定卖得过对手的“次品”。不是因为你不会说，而是你没有背景。想想你看过的《西游记》，有背景的妖精都被上面的人带走了，只有“野”妖怪才会被孙悟空打死。

关系社交，做得最好的平台还是微信。微信的生态做得越来越全面，但是也出现了很多问题。2020 年，微信创始人曾说要应对 7 个变化，布局也会有新的调整。我不知道你抓到这个点没有，比如为什么好友突破了 5000 人，为什么会出现视频号，为什么用打赏鼓励用户写原创文章，为什么小程序会被大力推广，为什么腾讯生态下有众多的直播平台。

不过呢，基于微信是国民 APP，从用户基数和使用时长来看，内容的视频化升级一定能保住它关系社交老大的地位。我曾经说过一句话：“如果你做不到‘内容社交’的转变，就可以尝试用‘内容’来提升‘关系社交’的黏性。”也就是说，如果你拍不出 10 万赞的抖音视频，那就先把你的视频发到朋友圈，来取悦你的微信好友。

最后说一句心里话，只要关系社交的底层逻辑不变，无论你做保险、直销、微商这三个行业里的哪一个，未来几年内一定不会“死掉”。只是你要考虑，你要不要先打造个人 IP。

4. 内容社交是一个风口，但是成功的人一定是少数。

有一句话说得很在理儿："在没有成功之前，一切才华都等于零。"很多人看着同行在做抖音和快手，很眼红。不过内容社交已经从文字内容到图片内容，再到视频内容，再到直播内容，经历了太多的变革。

在我看来，做内容出色的人基本上都爱看书，也爱研究规则，能抓住平台红利。如果你问我，现在最值得做内容的平台是什么？我的答案是头条系。

不论是头条号还是抖音号，在"千人千面"、去中心化的平台上，通过好的内容，进行赛马机制的比较和分发，还是有可能一夜暴红的。而腾讯系下的内容，太难做了。因为用户多，需求多，做不到行业头部账号的话，基本上是"陪着玩"。

我玩抖音应该有 3 年了，目前还在"玩"和探索阶段，毕竟我的账号还不怎么样，内容也不够创新。但是我坚持做一件事，那就是跟儿子一起拍内容，不单单是记录生活，而是为更多的粉丝创造快乐。

有人问我，为什么不坚持拍北京话的内容，我个人觉得，写北京话脚本的时间成本远远高于亲子搞笑的。在做内容的道路上，我有 3 个心得分享给大家：微创新、做人设、坚持发。

简单地说，如果你不知道怎么拍，也不知道怎么定位账号，那最好的办法就是找同类账号学习与借鉴。我的表达就是"微创新"，把好的内容拿过来，自己再演绎一次就好。所以就出现了第二个问题，做人设。做人设就是要把你自己的标签打得够丰满。比如我的账号标签是北京话、亲子、搞笑、生活类，等等。所以我会让观众觉得，我是一个活生生的人，而不是一个讲师，是一个会讲段子的北京奶爸。

坚持发视频其实对很多人来说都很难，对我也如此。毕竟不是全部精力做抖音，所以一定会出现内容更新间隔长，或者内容不够优质，等等。不过我建议你，可以一次性多拍一些，不要发布出去；适当地蹭蹭热点，可能也会上热门。

5. 私域流量该不该做，你觉得呢?

这个话题，我不是很想聊，毕竟我不做社交电商，也不做电商平台社交化的研究。但是我喜欢吐槽这些新的营销词。其实私域流量是相对公域流量而言的，比如微信朋友圈和微博的比较。不是所有人都能看到你的微信朋友圈，但是只要你有微博账号，大家都能搜得到、看得到。

私域流量，其实是互联网和社交电商领域里比较热的一个词。它的概念就是把你所能触及的粉丝、用户，进行二次或者多次营销，而不用再花费更多的推广投入或者是社交成本。换言之，它就是在你的朋友圈、微信群和 qq 群，或者知识星球，这样的相对精准的“营销阵地”里挖金子。

私域流量要跟社群裂变一起讲，毕竟创造流量就是为了最终的转化。很多人头疼的事情，就是有群不会活跃，能活跃不能变现，能变现转化低等一系列问题。我建议你去学习一些社群的课程，把逻辑学会之后，还要去体验和实践。

我自己的社群，都需要找两个朋友帮我一起打理。好的社群运营最少有 5 个步骤：造人、拉粉、产品、机制、运营，推荐大家了解一下樊登读书会的运行模式。

作为好的社群发起人，也要有 3 个必要的因素，那就是懂得利用高情商运营产品，做到利他精神赋能社群，用一颗包容心去理解粉丝。最后给你一个建议，去做付费社群，筛选你私域流量中的优质粉丝。社群变现有很多种方法，也有很多种产品形式，不要苛求卖得贵，可能走量能让你活得更久。因此，谁也不是谁的私域流量，只是大家相互需要而已。

6.IP 人设，真的太重要了！

因为没有人设，就等于没有好内容。如果每天都抄袭别人的，你永远是内容的分发器，做不到最终的流量盈利。那怎么做 IP 人设定位呢？

我先介绍下“IP”这个网络语的含义，IP 其实就是指内容，可以是小说，可以是动画，可以是电影，可以是任何可以输出的文字、图片、视频、音频等。比如我在喜马拉雅讲故事，我在抖音上录段子，我在公众号写文章，我在起点中文网写小说，这一切都是 IP。但是好的 IP 可以跟更多的企业合作，做到内容产品化，激活粉丝购买力。这方面做得最出色的应该是迪士尼和漫威了，还有众多的日本游戏和动漫。

如果你知道 B 站，就请你多去了解一下为什么索尼会投资 B 站。也许你的产品和市场就在那里，只是你还不知道而已。

人设其实是影视作品里的一个专业用词，就是把每一个角色做得更丰满，给他们加“戏份儿”。就像四大名著里各个角色都有人设，很多小朋友都能说出他们喜欢不同的人物的理由。比如我儿子就喜欢《三国演义》里的关羽，《西游记》里的悟空等。

7. 网红经济与明星代言是两个截然不同的商业呈现价值。

网红不仅仅是你我认为的“锥子脸”，而是那些更多具有行业内影响力的人物，比如李子柒、李佳琪等电商直播网红。他们的出现，让更多的商家觉得网红已经不仅仅是一个小众明星，而是直接变成了“柜台”上的金牌销售。除了带货网红，还有很多知识类的网红、游戏类的网红，各个领域的网红博主等。

我看到很多明星开始在抖音里直播，帮企业卖货，但是最终效果还是让副主播抢了风头，毕竟一些大腕，不会去背那些看似电视购物的“台词”。明星越来越网红化，网红也越来越明星化。特别是在抖音这种平台上，你越来越难分清谁是大腕，谁是明星，谁是网红！

我曾经在书里写过：“找明星代言，不如找网红，找网红不如自己当网红。”现在各类人都在当网红，我儿子也加入了这个浩浩荡荡的网红队伍。不论他和我谁会先火，我们都会努力地以一颗平常心，接受批评，接受赞扬，同样也会继续做内容。

如果你是一个老板，我建议你去做个人的 IP 打造，因为我知道公司黄了就是黄了，但是你有名了，可以东山再起。很多企业都是公司名气大于老板自己的名气，一旦出现公关危机，自己和公司都会被打垮。

如何能让你的粉丝给你钱呢？我的答案是，输出有价值的内容和推荐给他们对的货品。你知道李佳琪也推荐拖鞋吗？你知道他也卖和路雪吗？你知道他在卖唱吧的话筒吗？是的，我家全买了。慢慢理解一下粉丝的需求和能转化的点吧，如果不行，请再从头看一遍我以前写的关于用户思维的文章。

达人：现在独霸私域流量的“KOC”，是不是过去都当过版主呢?

很多年前，我刚从事互联网工作的时候，就开始接触论坛营销。当时没有微博，没有微信，大多数的网民除了看门户，就是玩论坛。那时候很多关于论坛的词，我觉得都好有意思。比如“斑竹”“灌水”“盖楼”。

在我讲的这么多“词”中，当年我最崇拜的就是版主（“斑竹”）。感觉版主就是这个论坛世界里的“神”。他真的是能呼风唤雨，让更多的人去膜拜他。后来我又开始接触新浪微博，听到了一个当时更新鲜的词——KOL。

KOL 是什么呢？我觉得最简单的解释就是——网红。比如很多博主、版主和小明星，垂直领域的达人，成了这个词的最好的解释。而现在，我又听到了 KOC 这个词。KOC，英文全称为“Key Opinion Consumer”，即关键意见消费者，对应 KOL（Key Opinion Leader，关键意见领袖）。一般指能影响自己的朋友、粉丝，产生消费行为的消费者。相比于 KOL，KOC 的粉丝更少，影响力更小，优势是更垂直、更便宜。

KOC 的“使命”到底是什么？

我理解的 KOC，就是 KOL 给出了一个可以量化的传播指标，考核的是销售转化，一下子就比 KOL 更接地气，含金量更高了！

传统广告投放里，KOL 的作用更多的是为了解决品牌的曝光，增加消费者关注的机会。而 KOC 的出现，更符合现在的流量广告转化的投放需求，是为了解决增加销售转化，和激活粉丝的购买力。我对于 KOL 的理解是消费者的行为，我对于 KOC 的理解是粉丝的购买转化。所以说，更多的品牌主愿意找 KOC 合作。

KOC 的“江湖”是不是只在唯一平台?

我个人认为，KOC 除了与 KOL 的定义不同，作用不同，他们出现的平台和媒体也不同。网络上有很多人都在解析抖音和快手的定位和差异化。抖音似乎还是追随媒体属性，以展示为主，偏娱乐，带货是它的第二属性，快手则是短视频的社区平台，博主可以通过平台，深度地与粉丝产生黏性，增加销售转化。我的理解是，抖音像看传统电视广告，快手更像看京剧捧角儿。

KOC 的“种草”到底有没有用?

“种草”是当下很流行的一个网络用语。一指“分享推荐某一商品的优秀品质，以激发他人购买欲望”的行为，或自己根据外界信息，对某事物产生体验或拥有的欲望的过程；二指“把一样事物分享推荐给另一个人，让另一个人喜欢这样事物”的行为，类似网络用语“安利”的用法；三指一件事物让自己从心里由衷地喜欢。

我个人认为，“种草”跟 KOL 有着紧密的关系。KOL 通过长期的内容输出和粉丝沉淀，让消费者或粉丝在一段时间的关注和追随后，最终产生销售转化，这个时候的 KOL 就可以升级为 KOC 了。

接下来，就要说说私域流量的问题了。微信朋友圈不是私域流量，微信群才是。抖音和快手比起来，后者更容易做成私域流量。私域流量和 KOC 是密切相关的，有了流量，还是为了转化。我理解的线上营销，无非就是两种思维：电商思维，人找货，靠流量导入；社交思维，货找人，靠口碑裂变。

讲到私域流量，我也很认同一种营销做法和一种制度，那就是社群营销 + 会员制。

我认为，社群是最早期的私域流量的搭建形式，通过 QQ 群、论坛、微信群等形式，把相同爱好或者粉丝聚合在一起，然后进行营销和服务。而社群的最大的好处就是，一次获取流量，可以多次使用，降低获得客户的成本，提高收益，还能增加粉丝黏性。好的社群营销，我看到过很多案例，以产品起家的有小米，以内容起家的有铁血网，以知识付费起家的有逻辑思维 & 得到、樊登读书会、凯叔讲故事。

我觉得，会员制是运营私域流量的杀手锏。以会员制为主流的分为两派，促销派和权益派。我个人观点认为，只有通过会员制把消费者牢牢绑定为粉丝，在品牌自己的流量池进行维护与营销，才能让每个品牌真的拥有粉丝和持续获取社交电商带来的收益。

品牌开网店毕竟烧流量，做内容营销烧脑，在朋友圈发广告会骚扰到别人，只有在会员系统下推荐服务和产品，才能精准到达和提升转化。这一刻，小程序的作用就来了，一个小程序未来可以解决更多的大问题。

“获客”：不想谈情说爱，您能否挣笔横财？

不论是线上还是线下，我猜老板们都头疼如何获取新客户。我讲讲我了解的“获客”逻辑，“获客”在我看来可以被拆分为3个步骤：观察、发现、执行。

第一步，观察。

提到观察，你会问：“观察什么？在哪观察？怎么观察？”

No.1：观察什么？

先观察“客户”。客户有什么样的特点，比如你的产品到底是被男人还是女人买走了，到底是高频次还是低频率的，到底是大众市场还是小众追捧的等。再观察“现状”。市场的变化，观察消费者的购买路径，观察消费者的品牌偏好，甚至观察消费者更喜欢用什么支付方式等。

No.2：在哪观察？

客户到底是在什么“流量”上出现的呢？大多数人都会认为买鞋就去鞋城，买菜就去菜市场，买玩具就去反斗城，买电子产品就去京东，买书就去当当网。现在，我追踪一个客户的购买行为，会从客户的社交平台到搜索平台，再到点评平台（专业平台），再到电商平台。

举个例子，如果我想买一双NIKE新款球鞋，我经常会被社交 APP 影响，比如谁的朋友圈晒了图，微博上的开屏广告做话题活动，甚至抖音推了一个新段子，或者小红书上很久之前种的草。当我有购买意向的时候，我会先搜搜有没有相关的新闻报道，或者相关的打折促销活动，或者明星代言的活动。一旦有好的渠道或者更专业的 APP，我就会考虑是否下单，但最终在下单前也会去电商平台看看买家秀，信息反馈等。

No.3：怎么观察？

说实话，我是那种奇葩的买家。就像小品里的那句台词："刨根问到底，往祖坟上刨的那种。"我会看每一个客户的购买评价，看每一个客户的其他推荐信息，包括看每一个客户的相关信息。因为有一个词叫作"刷单"，我会去判断哪个商品是好的，哪个是在充购买数量。

总结一句话，我看消费者的客户信息，看产品评价反馈，包括商品卖家跟我沟通的内容和态度，都可以帮助我判断这个产品是不是真有客户买过。

第二步，发现！

发现什么呢？是机会和问题。我们经常说，产品就是给客户解决某种问题的方案。客户总是会在使用产品过程中，留下这样或者那样的问题，我们要不要就此找到新机会呢？

我曾经讲过借流量和截流量。我经常发现一些合作机会，一些售卖机会，包括自我营销的机会，这些机会能帮我们挖到新的客户。好的流量，我们要学会借来为自己所用，比如蹭热点，玩好借势营销。但是有时候也要学会截流量，比如朋友圈的广点通，也就是"腾讯官方的微信朋友圈广告"，是大品牌投放给更多受众的广告，我会在上面留言："学营销听段子，请找金满铮老师。”

那这样的“获客”机会，你有把握过吗？除了发现机会，就是发现问题。问题不一定都是 bug，也可能是你不懂的事情，而这些事情也可能是更多人不懂的。

我经常在儿子的社交圈里做成生意，你信吗？

我自从 2014 年有了晴天，精力就开始放在母婴市场的产品上，比如尿不湿、儿童安全座椅、儿童玩具、儿童读物，再比如儿童服装、儿童食品、早教培训班等。我每次服务一个品牌的同时，就变成了这个品牌的粉丝，或者是产品的使用者。我一般会用自己的感受，来感染身边的爸爸妈妈们，让他们也成为我品牌客户的客户。

我发现有很多品牌在 APP 里能挣钱，在微信群里能挣钱，在订阅号里也能挣钱。有人说过：“如果你做母婴行业的产品，能打动妈妈就成功了一半，如果能打动孩子就等于持续付费。”

据我调研分析，妈妈们购买新产品的理由排名前三的分别是：品牌、价格、信任感。好品牌等于产品好用和使用安全的代言词，好价格决定购买频次和购买档次的标准，有信任感可以提升别人推荐的力度和购买的可能性。

简单来说也就是，好品牌等于可以选，好价格等于持续买，信任感等于愿意试。

大品牌获取客户其实比新品牌更容易，因为大品牌有广告效益。那怎么获得新客户对新品牌的信任呢？我的答案是给利益和反复“催眠”。反复“催眠”是指给客户反复强调，通过视觉的呈现，文案的引导，就像在流量平台上反复出现“洗脑”广告。

那些比较经典的广告词，例如，“怕上火喝王老吉”“农夫山泉有点甜”“恒源祥，羊羊羊”“更多选择更多欢笑，就在麦当劳”“爱她就带她来吃哈根达斯”……其实都是反复“催眠”的表现形式。

你可以理解为是品牌定位，也可以理解是产品打爆款。

第三步，执行！

我们观察了消费者的习惯，发现了问题和机会，接下来就是执行。好的改变就是突破自己，我很喜欢的一种方式叫作跨界抄思维。客户喜欢你的原因，肯定不是因为你是最好，而是因为你最适合他。如果你已经找到客户的种种信息，要不要进行你的“获客”渠道和方式的改变与调整呢？

比如做新品的线上预售，可以选择众筹和团购拼团；表达产品功能，可以选择直播和短视频；做粉丝的“种草”，可以选择订阅号和小红书；做内容与知识营销，可以选择IP变现和知识付费。

下面说说具体该怎么执行。

玩活动，要有噱头，要让更多的人先看到你，你的产品和服务，包括你的品牌和实力等。可以是线上征集有趣的照片，可以是线下的跳蚤集市，还可以是比赛才艺，比如“KEEP”“得物”“墨迹天气”“陌陌”“大姨妈”等，更可以是约着打游戏。玩活动一定要学会在更多的APP流量上做，而不是在你原本的流量上搞。

做内容，要把你的内容（服务和产品）植入活动中，让客户不经意间被你的内容所“催眠”，比如你是卖早教思维培训课的，你可以征集孩子微笑的照片，或者征集孩子讲故事的音频。再比如你是卖儿童服装的，你可以组织足球比赛，把你的服装提供给选手。让客户先用上你的内容，种下一颗对你的产品有所认知的

"小种子"，等着购买力会发芽的那一天。请记住我姥姥曾经说的一句话："闲来置忙来用。"

送赠品，要让你的内容能被消费者带回家，并且有机会帮你二次传播。这里有一个知识点——"社交货币"。"社交货币"就是让客户能在自己的朋友圈里晒图，表扬或者吐槽的内容。内容可以是文化衫，可以是贴纸，可以是面巾纸，可以是购物袋，可以是玩具，可以是照片，可以是食品，总之这些东西是你送给客户的"礼物"。

执行的结果和客户数据，需要能追踪和可查询，这样你前面付出的所有努力，才会有所收获。执行后有很多种的转化方式，可以继续给利益加速客户的下单，比如满减拼团，比如增加赠品，比如打折返现；或者持续做内容影响客户的决策判断，比如做广告，发新闻，再比如邀约客户们再次体验服务。

在"获客"的时候，我们更应该把关注点放在获得客户的信息是否有效，给客户的体验感是否更好，产品在使用过程中遇到的问题是否能改进上面。如果以上的内容你都考虑了，那接下来就要把客户沉淀在一个平台上，进行维护与二次营销。这个平台可以是 qq 群和微信群，可以是微商城"有赞"和电商平台的店铺，还可以是社交媒体官方账号，还可以是你的线下实体店铺。最后我提醒大家一句，不要忘了初心，因为获客和盈利是鱼和熊掌的关系，二者是不可兼得的。

成交：姜太公钓鱼，真的能愿者上钩吗?

有人说，做买卖不要做一锤子买卖，不长久，也毁口碑。但是我想说，如果没有第一次，怎么会有第二次呢？那怎么让别人先“上当”，给你第一次的机会呢？我的答案是，会聊天！

先问问自己：“你，会不会聊天？”

你会说，大部分正常人都会，但你怎么才能保证不把“天”聊“死”，不出现尴尬的情况呢？

我的回答是：“会‘撩’！”

在我的课堂上，我会经常告诫我的学员，在微信上聊天，别上来就发“您好，在吗？”

我的答案是：“不在！”

用我的“用户思维”倒推一下背后的沟通逻辑，问你在不在，很有可能是打算求你办事。那这时候，对方要不要说“在”呢？我猜，很多人都会关注你有什么事情。所以聊天要掌握技巧，用“撩”的方式沟通，是最好的！

这里教大家一个技巧，如何在微信说开场白。假如我来发那条微信，我会这样问：“李总，您最近没去上海出差吧？”

我的这种问法，在中文的语法里可以理解为否定疑问句。

假设A，李总没去上海出差，李总的回答肯定是，“没去，怎么了？”你就可以继续说，“李总，上海最近降温，我刚回来，您要去出差一定要多带衣服。”

假设 B，李总刚从上海出差回来，或者正在上海出差，肯定回答你，“昨天刚回来，有什么事吗？”或者“在啊，你怎么知道？”你就可以顺着他的话茬说，“巧了，我也昨天到的，好像看到您了。”或者“我正打算过来开培训会，要不要请您吃个下午茶，我知道南京路开了一个不错的茶餐厅……”

不论是哪种回答，你发现要比你直接问李总“在吗？”效果好一些。你会说，这个跟成交有什么关系，只不过是一些聊天技巧而已。我想说，成交都是沟通后的结果，沟通最好的方式，就是没有防备的聊天。你通过聊天，可以很轻松地获取对方最近的心态、对产品的需求、购买的预算等。

所以，我认为“撩”得好等于成交的必要前提，而沟通是“第一生产力”。

再换一个场景，如果你现在到一家服装店。有两个售货员跟你打招呼，说两种不同的开场白，你猜猜自己会找哪个人买呢？

售货员 A：您好，欢迎光临，我们店里来了一批新衣服，您平时穿 L 还是 M，我给您拿过来试试？

售货员 B：您好，欢迎光临，您的包是 xx 牌子的吧？我也很喜欢！我们店有个新到的外套，特别适合您的皮肤颜色，跟您的包也很搭，我感觉您穿起来肯定会特别好看！

或许你会说，第二个售货员更热情，会说话，肯定会找他。

我觉得你说得没错，换了我，也会先跟对方寒暄，然后再考虑售货员的推荐。但是至少这样的“撩”让我听着很舒服，也更容易让我上一次“当”。每个人的成交，都有自己的套路。我算不上优秀的销售，但是我每次营销，都秉着两个原则，那就是真诚和专业。

我希望我的故事能给你一些启发，学以致用。

介绍：“转介绍”的真谛到底是什么呢?

“转介绍”，顾名思义，就是通过老客户再次将品牌介绍新客户。而其中最大的难点，其实是信任。怎么获取对方的信任，并且对方还愿意发自肺腑地帮你宣传和介绍呢？我觉得，大部分取决于销售的人品魅力和产品的影响力。

做营销不能解决所有的信任问题，但是可以通过渠道的选择，例如文字图片的表达，包括产品自身的文化定位，去找到那些合适的受众群，并且很好地将产品信息传递给他们。

在学习“转介绍”之前，你一定要先理解我的用户思维理论。就是你是谁不重要，你卖什么也不重要，重要的是你的客户认为你是谁，认为你卖什么。我从三个英文单词讲起，通过 Who，Why，How 让你懂得“转介绍”最重要的 3 件事！

Who

你做营销之前，先要弄明白自己是谁。如果你是卖奶茶的，你是不是每天都在社交平台上晒奶茶、晒买家秀、晒活动呢？

我的答案是，当然不是。你可能卖的是消费者下午犯困的解决方案，也可能是肚子饿或者无聊时候的“甜点伴侣”。

抖音上的“口红哥”卖的只是口红？“石榴哥”卖的只是石榴吗？肯定不是那么简单，在微信朋友圈营销的品牌，要学会做好“人设”，把你扮演成消费者喜欢的类型。关于打造品牌“人设”，或者打造个人的朋友圈 IP，我有一套简单的方法，分为五步。

第一步，先设置好自己的头像。在微信朋友圈里，选一个好的微信头像和有个性、好记的微信名，可能会大大提升你的销售业绩。微信头像尽量用清晰的照片，以自己的照片为首选。如果是做产品的，可以选择产品照片；做服务的，可以选择女性人像照片。做任何品牌，我都不建议用企业 LOGO，因为谁也不想跟客服天天聊天。

第二步，设置好自己的微信朋友圈的封面图。微信封面是最好的品牌广告位。时不时更换照片，可以给你的潜在客户一些新鲜感，增加跟你互动的机会。照片可以是风景，可以是个人生活，可以是品牌活动，同样也可以是美食美女。

最关键的是，你的微信朋友圈封面的图片很容易暴露你最近的心态，如果你是纯销售工作的账号，你需要考虑产品和服务的内容，不用发自己生活照片。反过来说，如果你想打造个人 IP，不想让别人觉得你只是一个“广告号”，那可以适当使用一些个人生活照片。

随着微信版本不断升级，我们可以尝试把视频号的作品变成动态，来增加动态封面的趣味性和关注度。

第三步，尝试在你的渠道上“讲故事”。讲故事是很容易帮你完成人设搭建的方式，比如我是个奶爸形象，我的朋友圈有很多带儿子的照片、段子、视频。我的内容也很容易被大家记住，我的工作、生活变得更生动更有意思。

讲故事，最难的是如何让内容吸引人。吸引人的办法是靠发好看或者有意思的图片，互动的技巧是多发“疑问句”，让你的受众跟你“聊”起来。

第四步，修炼出你自己的某一种能力，持续在你的朋友圈里发酵。比如有人擅长运动健身，有人擅长唱歌跳舞，有人擅长带孩子讲故事，有人擅长写段子讲笑话，还有人擅长点赞吐槽。

不管是什么，你都要学会在朋友圈里发一些属于你的内容，而不是追热点，发广告。

提示一下，你的某种能力最好比较大众一点，不然发了之后产生不了共鸣。比如摄影，比如做饭，比如化妆，比如跑步专属的 APP，这些都可以为你原本的圈子引流。

第五步，借用更多的媒体和渠道来给自己“背书”。我最擅长的是“讲”。我有喜马拉雅的节目，有爱奇艺的课程，我还有抖音的段子。

多通过不同的平台和内容，来帮助自己的个人品牌加分。比如我还有订阅号、今日头条号、在行、新浪微博等。

这样全方位地表达自己，才会让别人在不同的流量平台上看到你，找到你，并且喜欢你。

Why

做“转介绍”的目的，只有两个：一个是让你获取更多的名，一个是让你赚取更多的利。

有这么一句话：“人要是把勤奋扔出去，能力就回来了。再把能力扔出去，金钱就回来了。再把金钱扔出去，团队就回来了。再把团队扔出去，事业就回来了。”

很多老板想不通的问题有两个：第一是要不要先掏钱做营销推广？第二是要不要把利益先出让给顾客？

我的答案是，肯定需要。只是品牌主有时候会纠结自己的利益，而忽略给到老客户更多的利益之后，更容易换来更多新客户的可能性。

How

通过什么方式来做好“转介绍”呢？我的办法不多，但是一定居于一个点：有载体！

我想让学员为我转介绍，就会送我的书《众筹很盲》给他们。所以，你有没有一些载体或者礼物，能让别人转走呢？俗话说：“一方有难，八方支援。”我的建议是，给转发人一些实惠或利益，可以更好地让他们转发你的品牌或者产品。

我再说说我平时是如何“逼”别人为我转发图片的3种小办法，仅供参考。

①转发朋友圈者，发红包奖励。（真给钱）

②免费得产品的试用装，或者免费送产品 / 服务到家。（送赠品）

③组团来买产品或者服务，打折。（打折扣）

其实对于“How”这个层面，我也会根据不同的行业和产品，给出更多的策略，比如来面馆打游戏挑战“免单”，比如来学习免费试听3节课，再比如多人拼团晒大众点评获礼品等。而这些逻辑的背后，还是要解决人的心理需求和物质需求。

再好的产品，也需要有口碑传播，而转介绍的两个关键点，就是利益和载体。

什么叫利益？

我师父苏然曾教育我说：“人要是想成功，一定要懂得利益的传递，就和玩悠悠球的道理一样。”

是的，如果你总是把利益掌握在自己手中，太看重自己的价值和短期收益，那最后限制你发展的就不仅仅是格局了。

所以说，转介绍的第一个关键点，就是你有没有给别人足够多的利益。

说个案例，我几个月前去邢台讲课，一家咖啡厅的老板问我一个问题：“如何让顾客主动用手机扫二维码点菜下单？”

我的第一反应是，手机下单是否方便？第二，用手机和不用有什么区别？

咖啡厅的老板说，方便是方便，但本质没有区别。结果我就问她一个问题：“用手机点菜，能否咖啡免费续杯，或者送冰激凌一个？”她顿时反应过来了。

如果消费者没有拿到利益的话，为啥要用你给的方式点菜呢？

如果你想让客户给你转介绍新客户，是不是要给他们足够多的利益呢？比如分享朋友圈领红包，比如拼团免减，再比如拉新返现，等等。

那什么又是载体呢？

载体是可传播的东西，拿我举个例子。几乎所有找我约在行的学员，我都会认真沟通，掏出干货，给出解决方案，而以后一个环节就是，送书，我的《众筹很盲》或者《我很在行》。我的转介绍的秘诀就这两点，给利益和有载体。用一句总结，那就是“把你的产品变成客户的作品！”

第二章 内容篇

逻辑：视频号到底在拯救朋友圈，还是在抢夺抖音流量?

我在讲所有的内容之前，最喜欢从事情的表象开始讲，然后讲到发展的逻辑，最后再讲内核本质。大多数人都不喜欢听道理，他们更容易接受的三件事是听故事、看数据和等结果。微信朋友圈营销已经影响了很多人，而抖音的出现，使得大家更愿意去看短视频。不少人渐渐放弃了朋友圈，不晒带娃，不晒吃喝，不晒工作，不晒爱情，更多的人选择朋友圈半年可见，三天可见，或者一条横杠。

微信虽说是社交 APP 里的“一哥”，但也面临着流量被其他 APP 吞噬的危机，随着微信朋友圈的营销越来越多，微信好友变成了朋友圈的消费者，“微商”的出现，也再一次使得朋友圈变了味，朋友圈流量的广告展示和公众号的打开率也都失去了以往的辉煌。

谁能拯救朋友圈的流量呢？在 2020 年的年初，视频号的灰度测试，让更多的媒体人看到了转机和希望，幸运的是我也看到了一些“翻身”的机会。

那视频号到底是什么？我作为一个“老玩家”可以给你一个总结，并非官方的答案：它是微信生态下的社交短视频名片。你肯定会问：“视频号和抖音最大的差别是什么呢？”

先说一个观点，我认为抖音是内容社交，视频号是关系社交。

如果说所有企业都想抢占短视频跑道做营销，那肯定首选抖音，毕竟用户黏性强，而且千人千面的机制做得足够完善，平台呈现的内容也够丰富，赛道也足够细分，抖音在搞“抖音盒子”，也是在布局电商化和本地化，与此同时也在引导互联网和文化娱乐的潮流。未来几年，短视频很有可能代替搜索引擎，成为第一互联网入口。

很多企业在短视频平台做不好，到底是哪里出了问题呢？企业做短视频，大多数都是本着拍广告片的心情去做的。谁都是从不会到会，从会到烧钱，再从烧钱到赚钱，一步步成长过来的，包括平台本身。我把互联网比喻成一个大家庭，大家庭里有很多的孩子。抖音好比是“小儿子”，那视频号是谁呢？我的答案是，视频号是“小女儿”的丈夫。那“小女儿”又是谁呢？“小女儿”是拿到移动互联网门票的微信。如果你是父母，你想疼女儿，是不是也要先疼女婿呢？你可以理解为大家更爱看抖音上的短视频，没有压力，怎么吐槽都可以，但是抖音缺少社交属性，简单地说，你在抖音只看你喜欢的内容，你身边人的变化你可能并不知道。

微信视频号的出现，我个人觉得有三个非常大的意义：一是拯救了微信朋友圈的流量，让原本只能看文字图片的时代升级了，稳住了微信的地位。二是让公众号的操盘手快速迭代到视频时代，成为拯救阅读量的利器，让微信用户重新回归看内容，分享知识与干货，让内容供应商回归。三是成功追赶上了抖音电商化的步伐，让更多不能在抖音火，又想突破困境的个人 IP 有了新的选择，从而得以继续增加微信的企业和个人的商业价值。

抖音是内容营销，好的内容可以在平台爆红，而好的内容不单纯是文案好，画面好，而是通过流量池算法，让更多喜欢的观众看到，跟你互动，其本质是数据营销，往大了说是人工智能、大数据。反过头来看看视频号，不论你发什么，只要你微信好友和你朋友圈的人能看到，就可以在朋友当中做个“全村的希望”。

对比来看，抖音像瀑布流，它是从某一种的领域里从上向下冲刷，好的留下，不好的冲走，筛选机制更重。而视频号是核聚变式的，从你的周边开始传播，你身边的人喜欢点赞即转发，更像“病毒蔓延”，社交推荐更重，这就是我想说的“破圈”。

由于平台算法不同，关注粉丝的机制侧重不同，视频号做不到“刷”这个动作，因此它更注重“点对点”，就是人传人。它的展现形式虽说有 3 个关键词：关注 / 朋友 / 推荐，但是大家还是会先看到朋友点赞多的。每个人的审美不同，关注的圈子不同，很难产生裂变。内容在小范围的观众中被喜欢，最终能破圈的内容，基本上有两种形式：烧脑的干货和“无脑”的娱乐。它们或者有用，或者有趣；那些工作上的技巧和秘籍或许会被你视为珍宝，那些人生鸡汤或许会赚足你的笑容和眼泪。

视频号的内容到底可以做点什么呢？它可以做很多，比如企业的介绍，产品的功能，培训的课程。视频号是微信生态的产物，可以分享，可以收藏，可以群发，也可以镶嵌到公众号等。视频号可以是你的社交新名片，当你需要给你的客户展现自己的时候，它要比一个 PPT，一个 WORD 文档更直观，而且还有多次的传播机会。所以说抖音是公域流量的 APP，视频号是私域流量中微信的插件！

视频号对你来说有很多种意义，它可以继续巩固你多年打造的江湖地位，也可以唤醒好久没有联系的客户和合作方，激活你的客户“存量”。但是如果你一直是一事无成、吊儿郎当的样子，视频号也同样可以把你不尽如人意的地方放大无数倍，凡事都有两面性，用好它，切记不要盲目跟从。

在我看来，抖音做的是陌生人的生意，通过内容变现，可以做精准流量转化。视频号是做熟人的生意，通过关系赚钱，让爱你的人持续给你付钱。视频未来会成为所有营销的主流选择，早做早受益，晚做也来得及。

定位：视频号是打造个人营销的新选择吗？

你真的需要做视频号吗？如果你是做企业端服务的老板该拍什么呢？你是不是也有3000多个“老板”级的微信好友，但他们也不怎么看朋友圈，对吗？

我先说一个观点：视频号是公众号的视频版，更方便获取信息，更直观！

灵魂三问，我是怎么做视频号的？我又做到什么程度？我能帮“老板们”做什么呢？

视频号用户中，我是第一批对外可申请注册的运营者，可以说我是最早的一批个人玩家，账号是2020年3月份申请下来的。我在视频号平台选择亲子搞笑的赛道，也有三个目的与营销布局。

第一，好内容有流量。亲子搞笑更容易破圈，因为搞笑的流量会一直有，大多数人都希望看有趣的内容。再强调一下，除新闻报道之外，在视频号平台能有流量的，主要就是两种内容流：烧脑的干货与“无脑”的娱乐。

第二，精准受众有购买力。亲子的受众锁定的是妈妈群体，妈妈作为粉丝和观众，未来的购买力可以用非常强大或者可怕来形容。目前“@晴天讲段子”的受众是以一、二线城市的30～39岁的妈妈们为主。

第三，优质品牌可以变现。能合作的企业和品牌范围比较广，爸爸的产品，妈妈的产品，孩子本身的产品，老人的产品，孕妇的产品，甚至宠物的产品，都可以预埋在内容里做广告。

如果你说，我的企业是加工行业的，是政府机构的，是企业级的产品或服务，你能帮我做什么呢？这些问题我也一直在努力寻找答案，特别是我在做总裁班授课和企业内训的时候，我的答案是，做视频号可以为企业管理者的 IP 做稳定输出。这里的 IP 我可以好好解释给你听。

首先，不是每个人都能做成 IP，但是每个人都有能做成 IP 的机会。毕竟大家都工作了很久，你即使不是老板，只是部门的主管，或者是副总，公司的“销冠”，你也一定有自己的“内容”（也可以理解为短视频里的“素材”）。它们都是值得别人学习的，哪怕你只是分享一些工作上的经验，对你来说也是有益无害的。难点在于你会考虑你的身份，能不能说，愿不愿说。最关键的是，在什么舞台上，以什么形式说。

我做了晴天的账号，很多陌生人看到了，也有很多找我合作的培训公司负责人看到了，在大家不了解我的前提下，观众很难第一时间联想到我是做线上营销讲师的。

我为什么要坚持做呢？因为我知道加我微信的学员和我服务过的客户，都更希望在我的朋友圈里看到有意思的生活，而不仅仅是单纯的知识。我会在微信的平台上，展示儿子晴天讲笑话的能力。你们还可以看到我们父子俩讲“鸡汤”的能力，包括做产品植入的能力，如果你喜欢看，也能够从侧面理解我的营销能力。你一旦认可了，或许会想，晴天爸爸营销要是那么厉害，找他讲课应该也不差吧？

回到问题上，我是个老板，我是个领导，我要不要在视频号上说公司产品好，我们的单位不错？其实不需要。视频号的基础是我们的微信关系，也就是说，你的第一层观众基本上知道你是谁，只是不知道你生活的另一面。老板可能都喜欢打牌喝酒，领导可能都喜欢画画钓鱼，如果你能把这些内容分享给你想要的人，或许就能很好地达到你的“营销”目的。所以说，没有利益就没有关系，结束一个关系之后，利益也会随之消失。

我经常说的两个词，欲擒故纵与爱屋及乌。例如一位公众人物，他可以表达自己的生活和爱好，认可他的人，认可他的爱好，也可能会认可他的业务和他的产品。保险行业的营销方式，就不是见面推产品，而是先解决买保险人更多的生活困扰。

在视频号上做内容，和在抖音上做相比有什么优势吗？我认为它的优势主要有以下三个方面。

第一，拓展人脉关系。视频号是相对偏向于私域流量的地方，也就是说，能先看到你内容的人，是你的同事、家人、合作伙伴、同学、客户。这些人对你的信任已经有良好的基础，外加你用视频的新方式来表达，大多数人会抱着好奇心来看你，给你点赞。

第二，增加变现形式。视频号是微信生态的产物，它离小程序更近，离微信支付更近，离企业公众号更近，离企业微信更近，避免了从抖音这些平台迁移的成本和麻烦，在微信上做营销，是大家都比较认可的方式。

第三，提高沟通效率。视频号更像工具，可以直接发给个人，发微信群，开直播等。一个工具要比一个 APP 更有操作价值。毕竟不是每个老板都用抖音，但是几乎每个人都会安装微信，你说呢？

定位是可以改变的，做内容也可以根据实际情况而调整，但你的受众必须确定。这样你视频号里的内容怎么变也不会影响你的价值观输出，能做长久生意才是硬道理。

人设：人设很重要，如何把人物关系做成矩阵？

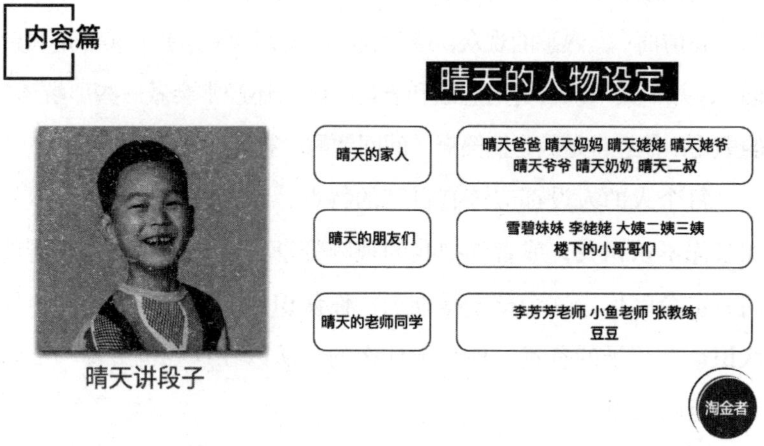

内容篇

晴天的人物设定

晴天的家人

晴天爸爸 晴天妈妈 晴天姥姥 晴天姥爷
晴天爷爷 晴天奶奶 晴天二叔

晴天的朋友们

雪碧妹妹 李姥姥 大姨二姨三姨
楼下的小哥哥们

晴天的老师同学

李芳芳老师 小鱼老师 张教练
豆豆

晴天讲段子

淘金者

@晴天讲段子的人物设定关系图

人设是人物设定，每个角色都有自己的特点。我有个视频号的联盟，在联盟里的每个盟友，都有不同的人设，比如说有的是四个孩子的妈妈，有的是有两个孩子的资深HR，有的是专门做这种儿童口才培训的创业导师，每个人都有一个自己的职业身份。

有意思的是，在拍视频的时候给自己添加一些有特色的道具，一些固定的开场白和结束语，一些具有个人特色的口头禅，这些都是为人设加分的操作。除了这些语言和形象以外，其实人设应该有一些有内涵的东西，比如说“人物标签”。

“@晴天讲段子”这个账号，主角晴天有很强的几个标签：

第一个，晴天是北京孩子，他说话的语气与用词，就非常有北京人的特点，比如说“京腔儿”。第二个，晴天是一个“吃货”，晴天的视频，始终贯穿着吃东西。我们父子每天都在他吃东西的时候，聊一些有意思的亲子搞笑话题，观众很容易记住他爱吃的标签，为食品品牌的内容合作埋下伏笔。而每个段子开头基本都是从“爸爸，我……”开始的！

晴天还会有一些“知识贴”和鸡汤的表达，突显晴天这个人物的“高情商”。熟悉的观众，或者我的朋友都知道这些其实都是“台词”，并不是晴天自身的想法和表达。晴天还经常会做一些“坑爹”的事儿，他经常是因为搞笑啊，问问题啊，把我“套”在里面。

每个人的人设都应该有自己的特点，晴天爸爸就是我，但是如果你不认识我，或者你把我的视频分享给其他的朋友，我猜他们一定会问你，这个孩子是谁啊？你认识他们吗？或者会问，你认识这个孩子的爸爸？他是干什么的？所以在这我也解释一下晴天爸爸的人设。

首先，晴天爸爸一定有“爱儿子”的标签。他永远都是陪着儿子学习、玩耍、成长的好爸爸形象。第二，晴天爸爸是一个怕老婆的直男，他在短视频里，总是招惹晴天妈妈生气，妈妈总是很厉害强势，爸爸很弱势。第三，视频中经常会提到晴天爸爸用私房钱买东西，比如说用私房钱给儿子买乐高，比如晴天妈妈不开心的时候，给她买礼物。晴天经常会说，“爸爸你哪有钱啊？”所以这个标签里面的“爸爸”特别“穷”，没有能自己支配的钱，一提到钱都是尴尬。这几个就是“晴天爸爸”这个人设的标签。

在这个人物设定里面，其实是两个人，一个主角，一个配角，主角是晴天，配角是晴天爸爸。强调一件事情，人设不能太完美。持续用不同的段子，可以让人物变得更丰满。戏越真，观众越会相信。

晴天的段子里，很少会说到晴天又帅又聪明。就算是作为职业讲师的我，或者是五百强公司的高管，也只可能特别懂某一个领域，人不可能没有认知空白区，所以你要给自己设定一个“缺陷”，这个“缺陷”不是真正的不好，而是便于你从另外一个层面去“表扬”自己。

晴天爸爸是个怕老婆、没有零花钱的男人，那你可以理解为他是一个特别爱老婆，特别能照顾小朋友的这么一个人，而且不会跟小朋友乱发脾气。在人设里面，你要设定一些台词、道具，它们可以是人物穿着服装的特点，拍摄的环境场景，甚至身上的某一个小装饰，也可以是某一种爱好，比如钓鱼、打游戏、玩牌等。

晴天爸爸的爱好可以是唱歌，可以是讲故事，也可以是“演戏”，因为他表情表达特别自然，而且特别好玩儿。对于人设，我还有一点建议，如果是拍自己不露脸的视频，就是通过一些画面传递一些知识，我觉得也可以，但是你要考虑自己的声音是不是有特点。不要今天是这种 Vlog，明天又是那种图片的表达，后天又变成孩子，一定要让这个账号围绕一个人或者一种形象去持续拍摄。

在你去做人设的时候，要考虑你的人物特点，不要以内容为中心，要以人性为中心。视频号和抖音最大的区别在于，它是围绕每一个人去做内容的，而不是围绕某一个话题，比如说职场，我们每个人都可以说，只是角度不一样而已。同样是一个新闻，你是怎么看的？你是从哪个角度解读的？为什么你从这个角度分析，别人就没有想到？一定要把内容和自己的人设特点结合起来去表达。但我在实际操作中发现，这样的内容也容易形成各种局限性。

局限性一：如果破圈之后，观众群体里没有结婚生孩子的怎么办？

这个问题其实就是通过后台数据发现的，我有很多比我小 10 岁左右的合作伙伴或者学员，25 岁左右的受众与“晴天”的内容只是“点赞”之交，并不能持续产生共鸣。我为此虚构了一个新的话题人物——“晴天二叔”。晴天二叔代表的是我身边的“95 后”的人，不论男女，都有上班的烦恼，恋爱、结婚的困扰，于是基于家人和段子的内容，出了二叔找女朋友和找工作的系列话题，很好地把“95 后”的话题收录进来。

局限性二：如果观众的孩子比晴天大很多怎么办？

这个问题指的大多是“75 后”上下的观众，他们的关注点是父母养老和孩子上学的“进阶”问题。于是就有了楼下哥哥们的话题：比如去医院看病，比如考什么大学。因此我就借由太太是护士，讲述很多看病吃药的故事；和初中高中孩子家长有关系的“考试”话题，更好地让我的内容与他们完成“衔接”。而最容易产生共鸣的话题，其实是“北京话”系列，北京话更容易产生话题和联想，让相对上年纪的用户也爱看，这样也就把握住了“营销”他们的机会。

局限性三：如果观众是身边的家长或者老师该怎么办？

这个问题属于个人社交禁忌问题的范畴，我也犯过一次低级的失误。我在运营账号的时候，经常会把视频误发到一些不该发的群，比如儿子学校的“家长群”。家长群体是一个比较容易产生攀比和“内卷”的群体，其次就是老师看到内容，也会觉得是含沙射影。所以我觉得有必要介绍一下关于人物命名的问题。

第一，改编或者虚构人物名字，减少不必要的麻烦。比如我给晴天的班主任取了一个假名叫李芳芳，这样的名字简单有趣，也更容易被传播。在不影响师生关系的同时，也可以借老师的形象，给大家带来一些关于儿时的有趣回忆，同时使表达更具亲切感，也没有诋毁老师。

我也要考虑其他家长的感受，比如晴天身边一定有他不喜欢的人和事，我们也不用真名去攻击别人，而是换一种方式来讽刺和教育。晴天的同学“豆豆”一定是你身边见过的小孩儿，他调皮，学习不怎么好，但他是晴天的好朋友。在段子里，晴天化身一个“小学渣”，经常跟朋友一起调皮捣蛋，这也是为了迎合人性中的：“我家孩子即使不好，也想看你家孩子闹出的笑话！”

第二，强调“关键人物”，获取更多的流量关注。“壮壮”这个名字也很常见，而晴天班里确实有一个好朋友叫壮壮，而且我和壮壮家的父母也成了好朋友，并且也做到了家长之间的共鸣和内容的破圈效果。就这样“壮壮”成了好孩子的代名词，而“豆豆”成了调皮捣蛋的代名词，有所区分。后续的内容中，我还会增加“朵朵”的故事，把更多女孩的父母“覆盖”进来。

还有一部分群体是不可忽视的，那就是兴趣班老师。比如乐高课的小鱼老师，游泳班的张教练。我考虑在拍内容的同时，也要适当加入营销环节。这些关键人物的引流和传播的效果，也非常强大。每一个老师背后都站着无数的家长观众，在设计内容的时候，可以把老师与段子有机地结合，引来更多机构的受众的传播和点赞，为品牌赋能，为家长展示产品，为更多观众提供欢笑。

分享三个案例，也是晴天的三段经历。

第一个，乐高 & 编程的培训班上的小鱼老师。2016 年我带着晴天与小鱼老师第一次见面，当时晴天还是一个 2 岁半的小朋友，性格比较腼腆，小鱼老师带着晴天搭建了一个农场，晴天整整坐了一个小时，当时小鱼老师还对我说，晴天很有耐心，很配合老师，就是在手眼协调性上面需要提升，搭建积木时，固定不稳会有些急。第一次试听课过后晴天报名了，和小鱼老师在乐高的课程中跑起了马拉松。

小鱼老师是晴天超级喜欢的老师，从乐高到现在的乐博编程课，他已经学了 5 年了。在学习过程中，我也为小鱼老师拍过十多条“软广”。有介绍学习乐高好处的，也有介绍比赛成绩的，还有上课时出现过的各种好玩的段子。这些视频也帮助很多家长解答了学习编程的困惑，我觉得这里面还有很多的故事以及晴天的成长变化，我也请小鱼老师都写在我的公众号里，文章名字叫《学乐高编程，找小鱼老师！》。

第二个，感谢曾经“1v1 服务”过的东方启明星篮球队教练——马丁教练和高教练。就在 2019 年 1 月 26 日那天，晴天赶上了他人生第一次的 VIP 级别的篮球课，跟教练“一对一”地学。我曾经在郭德纲的相声里，听到过类似的经历，一个人在台上，一个人在台下。而这次是一个大球场，一个教练，一个学员。这对于学生家长来说可能很爽，感觉自己掏钱买了个专属服务；但对教练来说，他们或许会感到压力和尴尬。于是我为了缓解气氛也为了晴天不感到无聊，也上场当起了陪练。

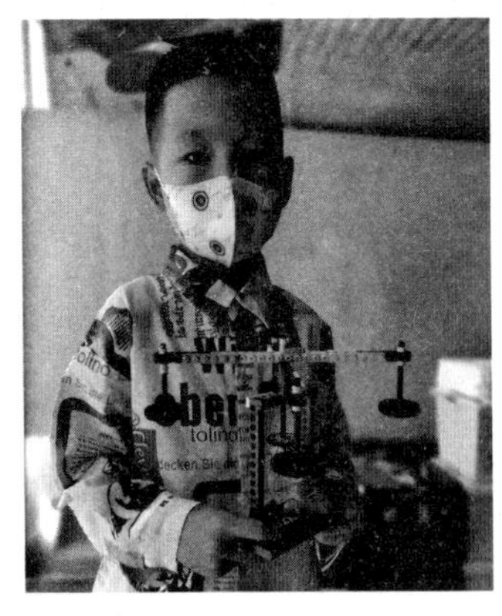

晴天在学习线下编程课程

那天的两个教练十分负责任，他们没有因为只有晴天一个学员而表现懈怠，反而更加认真，陪晴天一同成长。我原本以为晴天坚持不到第二节，就陪着他一起练。结果我发现自己想多了。儿子的认真和好学，让我和教练都很欣慰。更没想到的是，训练到了下半场，在晴天的不懈努力之下，教练是又流汗又流血。说到流血，是晴天的一个小失误，让教练鼻子磕了一下，流了血。虽说是个小插曲，我还是觉得挺不好意思的。我跟晴天商量之后，买了瓶饮料给教练以表歉意。短视频可以很好地展示孩子的学习环境和状况，我们也拍了几条关于打篮球的段子，这些内容都被教练们转发和点赞，其实也从侧面为篮球培训机构做了宣传。

第三个，就是“两个黄鹂”的小宝老师了。儿子自从跟我开拍视频号，我总觉得需要让他好好地、系统地学习一下表达，于是我就给他报了“两个黄鹂”的口才课。没想到第一次去试听课，就让我喜出望外，原因就是第一节课晴天就学说了相声《吹牛比赛》！

晴天一个人的篮球培训课，享受“VIP”服务

每个老师都有自己的风格，其实很多时候学习都是学生挑老师，我们很幸运，遇到了非常优秀的小宝老师，他的声音很有磁性，表现力也非常强，晴天跟着他学，在语言表达和表演方面有了很明显的进步，对于我们拍段子有了不少的帮助。让我记忆犹新的就是，小宝老师每次给我们做点评的时候，都会强调人物的“代入感”。确实，我们也在一次次地尝试并体会老师的讲解，这也让我们愿意跟“两个黄鹂”继续进行深度的合作。

这三个故事记录了晴天在各种学习中一点点的蜕变，也在潜移默化地为更多的儿童培训企业打了样板。我们想用自己的方式告诉大家，家长爱看什么，老师该拍什么，以及企业为什么需要视频推广。

人是群居动物，仅仅一个人物很容易出现内容枯竭、审美疲劳，以及“关我什么事”的问题。多考虑你的观众是谁，他们更想看谁的出现，更喜欢什么人物的特点，才是做人设需要重要思考的地方。

晴天第一次在“两个黄鹂”培训班试听

赛道：如何寻找出自身优势，并且能快速调整好赛道？

为账号找到合适的“赛道”与给账号做定位有相似之处，但它们各自也有不同的考虑重点。我做抖音视频的时候，从“营销课程”赛道，转到了“北京方言科普”赛道，又到了“亲子搞笑”赛道。可以看出，我其实也是经过多次的数据反馈才确定下来方向的。找赛道并不是找你所擅长的，而是找哪个内容赛道有流量，更容易“出圈”，出爆款作品。

你可能会质疑我讲笑话的能力，也会对拍视频是否影响孩子学习产生顾虑，同时也会感觉我天天讲笑话，不务正业，赚不来钱怎么办？做短视频的一个核心问题就是：你是谁不重要，重要的是你能不能把你喜欢的内容持续表达出来，同时还能做到让越来越多的人看到，并且点赞传播。同时假设一个问题，你只输出专业的内容，会不会没有受众，内容会不会很快就枯竭？

截止到今年，我还是觉得新闻赛道、搞笑赛道、鸡汤赛道，是最容易出爆款的。在做账号的时候，就要考虑认证的 V（官方认证账号）是什么类型，是否有一夜走红的机会。所以，我的“@晴天讲段子”认证的是生活博主，“@金满铮”认证的是互联网博主。

我的个人建议是，平台推荐你认证什么博主更容易，就认证什么，是什么不重要，重要的是先要“是”！第二就是要看哪个内容赛道竞争相对较小。第三点也是最最关键的，你微信好友更希望看到你表达什么类型的内容。就像我后来也不断听到铁粉说，想看晴天日常的服装搭配，这个提议就是一个新的突破口！

“@ 晴天讲段子”的赛道，你可以理解是亲子搞笑或者生活鸡汤类，而对于我来说，其实我在竞争的是产品营销账号和亲子脱口秀的结合体。我是“@ 晴天讲段子”这个账号的主人，但我不是内容的主演，我只是配角。儿子晴天才是主角，但是我们没有去跟同赛道的儿童搞笑类节目的账号竞争，理由有三。

第一，这个账号的赛道本身是搞笑类型，但是我的目的和内容定位是：视频号课程案例。就像“羊毛出在猪身上让狗买单”的理论——让第四方买单。商业模式发展到这一阶段，交易双方都不花钱，费用由第四方承担。简单地说，我是用账号的运营结果和数据，变现成企业端培训。也就是说内容的制作和数据的提升，以及运营的技巧才是我需要关注的。我们不是单纯靠“粉丝”多而“吃饭”，而是让更多的企业账号来学习与参考！

第二，收益的来源不是纯广告费和直播带货，我们做内容的压力较小，KPI 几乎为 0，每一笔资金的收益，都是额外收入，我和儿子的投入产出比相对高。解释一下原因，我们不是不重视粉丝，而是我们的商业价值不是粉丝数越多，接广告费越贵。

第三，我真实的对标账号是抖音的成人脱口秀账号和亲子搞笑账号，但是我们的平台不一样，发力点和受众的影响也有不同。抖音是靠观众的“标签”算法优化，而“晴天”的内容是靠微信社交，深度吃透用户需求而增加好感，带来信任价值，表达个人品牌和输出课程案例。

其实说了三点之后，“@ 晴天讲段子”的定位也就很清晰了，我们就是带有营销性质的，具有课程学习参考性的亲子搞笑账号。

看似有点复杂，你可以理解为，面对观众“C端”我们是输出欢笑与广告，面对企业和品牌端“B端”，我们输出内容创作方法论和运营技巧课程。

赛道可以根据品牌的需求做调整，也可以根据粉丝和观众的喜好做优化。我们通过一年多的时间，看到后台数据女性占据63.92%，其中45.65%是30～39岁，这样的数据可以表现在相对强势的消费能力，因此我也会持续围绕着这类观众做内容输出。

“@金满铮”这个账号也是从“@金满铮——营销金点子”更名过来的。我的理由是，我的赛道不能锁定营销的领域，因为会有平台限制和内容偏差与同质化。我放宽了赛道，但是也在努力聚焦实用生活干货与生活鸡汤段子，两个账号看起来有很多相似之处，但是不同的是，“妈妈级”观众是“@晴天讲段子”的受众，女职场人是“@金满铮”的受众。

女职场人，更多是偏培训行业、营销领域、产品销售多的观众。大家找我不一定只是为了学习知识，也不是仅仅看我的生活变化，毕竟我不是大师，也不是明星。所以我调整了方向，保持稳定输出实用的生活创意——金点子，有趣的生活感悟——金句子。

做事情，要有目标和方向，选赛道也不是一次就准，也需要根据变化而变化。我尝试过横屏，尝试过搞笑，尝试过说唱，尝试过变装，其实“@金满铮”的账号，受众期待还是帅帅的我输出有价值的内容。

关于赛道，我们可以不断试错与调整，千万不要死盯自己的专业，一定要看平台更需要我们做什么。如果想不明白，就问问自己，《西游记》里孙悟空到底有多少个称呼？你能说出几个，孙悟空就有几个不同的身份，也就有几个不同的赛道！

脚本：打造内容资料库的最好办法就是微创新

微创新的意思就是同一个话题，同一个内容，同样一句台词，然后在不同的账号里依照不同的人设和风格，从不同的角度将它表达出来，比如“晴天”就是搞笑，“金点子”是情感。总结一下就是先完成后完美，用量变带动质变。

我做视频号，第一步不是拿手机拍摄内容，而是要看大量作品，然后开始准备建立素材资料库，我统称为储备“蔬菜”。而这些“蔬菜”其实是我的内容元素，它们可以像乐高一样，进行组合和二次创作。优质内容可以重复做，也可以账号矩阵一起做。当一个好“蔬菜”出现，我会组织日更联盟的盟友们一起学习再创作。

微创新的原则是作品内容要与你的人设做结合。这当中可以用自己的多个账号轮番演绎。大多数的视频号“新玩家”，都没有时间去思考自己的稿子，那比较方便的办法就是借鉴优秀的作品。最简单的操作方法是，找一个爆款的稿子，按照自己的想法重新改编创作，平台上俗称拍同款！

根据我运营账号的经历，有这样一个小贴士与大家分享：晴天是个小朋友，有些台词是不适合他讲的，比如像离婚这样的成年人话题，那么我就会进行二次调整。

举两个例子。可以参考："@晴天讲段子"和"@金满铮"。比如说《复盘2020年》的内容是"挣个毛啊，挣个鬼啊，挣个妹啊。"我用晴天的账号录了一遍，金点子的账号又录了一遍。好的内容，观众看到表演者的情绪、环境，以及之前的人设，反应是完全不同的。

"@晴天讲段子"演绎的是搞笑+鸡汤。以小朋友的身份出发讲一些"无脑"的段子。

"@金满铮"表达的是知识+鸡汤，从成年人的角度出发讲一些烧脑的干货。

所有人都会告诉你，做短视频，一定是内容为王，好的视频一定是拼脚本、拼创意、拼演技，而我的答案是，拼谁看得多、听得多、拍得多、剪得多！

优质作品输出的前提是大量的输入，再好的脑子不如烂笔头，再好的创意，不如博主的丰富经历！做两个视频号日更，需要我保持每天大量地"输入"内容素材。我一般会用两个手机，在抖音的平台上锁定两种类型的内容：段子和知识。我看儿童搞笑视频，也看成人脱口秀，还有演绎、变装、对口型，明星的舞蹈和生活记录。

无论我看到什么，我都会围绕我要的内容"元素"为素材重新填充新的"血肉"，根据晴天或者我的情况来改良内容。

我发现，其实在视频里听到最多的，不是故事也不是段子，而是好听的BGM（背景音乐）。抖音其实流传的是音乐和节奏，段子和知识哪个平台都有。这让我很好地理解到"降维打击"的重要性，要把好听的音乐，洗脑的音效统统都注入我的作品里。这里提示一下，每次结尾的时候，渲染气氛的时候，音乐要比画面多几秒的时间，画面展现方式可以调速为0.7倍，保证大家在共情的时候，不要仓促地收尾。

拍得多，不是要一镜到底，也不需要 NG 多次只为拍一条内容。我的建议就是要写好台词或者文本大纲，也要注意表情的拍摄。尽量多去学习一下拍摄技巧，比如取景，比如面部表情控制，比如坐姿和镜头的距离，等等，保证素材不是“大头娃娃”，也不要使表达的音量变得像蚊子声。如果是情景类型，可以多角度，多机位拍摄。

剪得多，每天掌握一个剪辑的技巧，让你的画面呈现的风格保持一致，又有新的变化。剪辑成为我每天必要的工作，多利用“收藏”的功能，可以提高你的工作效率。关于剪辑的基础操作与 APP 推荐，后面我也会展开讲解。

刷作品的目的，不仅仅是找灵感，而是积攒素材和观察行业和平台的变化。增加传播点是提升完播率和点赞的重要环节。而这个重要环节里不得不提到的是观众的“共情”！“共情”最关注的是两个点，“获得感”和“害怕失去”。“获得感”，是观众获得知识和情绪的释放；“害怕失去”，一般是人在感情上担心错失一些优质的内容。比如好的文章，有用的攻略，或者让你觉得有道理的观点，等等。

我们在做内容的时候，一定要考虑能为我们的微信好友所认同的观点。“@ 晴天讲段子”曾经拍摄一个关于男足预选赛的段子，效果很差，原因是我们的观众是“妈妈”群体，而这个群体对足球的认知和共情就相对薄弱，所以传播时就不如开学补作业，以及培训班的话题效果好。传播点的关键是话题与第一层观看者，也就是微信好友，而非视频号粉丝的关联性。我的脚本写作逻辑是：先讲故事，再讲观点，最后给出解决方案，如果有机会可以增加一轮互动或者引出新一轮的互动话题。

台词：写台词之前一定要热爱生活吗？

我在写台词之前，一定要强调三个关键词。第一，学会洞察。第二，理解人物。第三，懂得观众。

学会洞察，就是要观察生活中的各种细节，比如不同地方的人的说话习惯；比如写文章时运用的词语，到底是选择书面语言还是方言；再比如说话时候的声音大小和情绪释放的区别。生活中的各种细节包括人物的动作，内容的联想，以及环境的塑造。

先说说动作吧，有时候同样的台词，动作越是夸张越容易被吸引和记住。晴天曾经拍过一个去看病的段子，拍摄内容是晴天要指着身上某个部位说那里疼。为了提升表达的视觉效果，我设计让儿子在指鼻子的时候，用“翻鼻孔”的动作来夸张表达。动作最容易出彩的就是面部表情，可以去观察你身边有意思的人，或者观察宠物的表情，眼睛是心灵的窗户，抓住面部的“微表情”，展现出来即可。总之，有颗好奇心就对了。

内容联想是指把看好的素材和你需要的话题链接起来的能力。多思考，多想怎么把两个事物的共同点萃取出来，然后再加工。萃取就是观察，看得多了自然就会了，如果联想能力不行，那就多去看电影，多去听音乐。好的台词和歌词，都是我们二次创作最好的灵感源泉。环境的衬托同样也是写台词的加分项，比如游泳池、篮球场、公园、床头、学校门口、地铁站、商店，等等，都可以很好地还原人物表达的场景。有时候没有环境的衬托，晴天的表达就没有代入感。因此拍摄之前，思考如何还原场景，更有助于塑造故事的真实性。

接下来讲讲说话习惯。我们身边充满南北文化差异，有的地方的人说话时会省略词语，甚至吞音，比如北京话。也有的地方的人喜欢使用倒装句，比如山东。有的方言自带幽默感，比如东北和天津的方言。有的方言说话像吵架，有的方言说话像唱歌……越是地方的语言，越是有流量，越容易引起共鸣。写文章或者写台词的时候，偶尔用拟声词更有画面感，引用文言文和诗词显得更有意境。另外，声音大小也会影响情绪，比如煽情可以用小声的独白，搞笑就可以用夸张的大笑……

理解人物是指你在表达内容之前，要知道什么是你可以说的，什么是你想说的，什么是你最好不要说的，什么是你必须说的。拿我儿子的账号来说，我不建议从他的嘴里提出离婚的话题，或者使用对大人没有礼貌的语气，甚至说脏话。我每次修改台词，都要根据他的实际情况来进行调整。总结一下，我修改台词的三个步骤：一是“减”原素材的台词；二是“加”符合人设的新台词，包括产品植入的内容；三是口语化的呈现。

我觉得写台词之前，要去聆听观众的心声，也就是懂得观众。如果你的观众是女生，那就说她们喜欢听、能听得懂的语言，如果你的观众是男生，那就考虑如何打比方，用游戏、运动，或者他们喜欢的词语来表达。如果我的观众是六十岁以上的女性呢？我又该怎么写呢？我觉得可以去广场或者菜市场听听她们的语言和需求。我的观众喜欢，我的视频就有播放量。如果只是我们自己喜欢，那就是自我陶醉。

如何判断我的内容是我的观众喜欢的？第一，在我熟悉的平台上发布，让大多数的观众观看；第二，在陌生的平台上发再试试看；第三，找一批专业的人和一批纯外行的人看。看看这些观众的反应，我们就可以对自己的能力进行一轮预判。温馨提示，要持续一段时间测试，一到两条肯定没结果。我写台词，擅长的是微创新，这里推荐一本书——《秒赞》。在创新之前，要大量地看优质内容，那什么是我所谓的优质内容呢？简单来说，我在写脚本的时候，会刷一个小时短视频，看别人的台词有多有趣，有没有逻辑。其实我就两个标准：第一，它是不是阅读量超过 10 万的文章，或者点赞过万的视频；第二，它能不能感动我，或者逗笑我，或者让我觉得有价值。

我一般会把文稿的内容先整理出来，然后根据人物关系重新梳理台词和逻辑重点。人物关系就是前面讲的是父子还是夫妻，是领导、下属还是街头采访的路人。总之，要看用词是否需要调整，是否符合人物的性格和表达。其次就是逻辑重点，原本的搞笑也好，励志也好，鸡汤也好，在我这个版本里是否合适，能否演绎出来更好的效果，如果不能，就要加新包袱或者减少表达与铺垫的部分，甚至要选择换“底”。这里的“底”是指，内容最后的笑点或者产品植入的表达。我的视频号里有一个段子，讲的是“晴天二叔”的新工作，讨论职位的真实含义。我们之前想的“底”是总统，为了更好地结合工作和产品内容，我把“底”换成了总“捅”，灵感真的是一瞬间就来了！

提到灵感，这是我一定要好好讲的内容。我曾经录过一个视频，告诉大家怎么找写作灵感。我觉得最好的办法，就是在歌词里找！我曾经给某集团讲过一节电商文案与视觉的课程，根据他们的 4 种类型的客户写不同的线上推广语。目标人群分别是 20 岁的女大学生，25 岁的新职场精英，35 岁的精致宝妈，以及

50岁左右的新锐姐姐。我让每个组员随机打开自己的手机音乐APP，找到一首自己喜欢的歌曲，然后把自己最喜欢的歌词抄下来。他们的结果让我十分兴奋。因为每一首歌，我都能联想到一个画面，也能表达不同年龄段的生活态度。从个性张扬，到恋爱职场，到婚姻现状，你都可以根据歌词来创作内容，植入产品，甚至可以做鸡汤文。

20岁女大学生，《没那么简单》：别人说的话，随便听一听，自己做决定。

25岁职场白领，《晴天》：没想到失去的勇气我还留着。

35岁精致宝妈，《我爱他》：我梦狠狠碎过，却不会忘。

50岁新锐姐姐，《一路向北》：过往的画面全都是我不对，细数惭愧，我伤你几回。

价值：短视频内容的核心是不是传递价值？

我总结了一个我自己做带货内容并且带变现属性的公式，仅供参考。

营销内容的作品 = 人群传播 + 专业知识 + 产品表达

晴天带货的内容，一定是鸡汤（人性传播）+ 搞笑台词（专业知识）+ 商品展示（产品表达）。鸡汤是最容易传播的，搞笑是（“@ 晴天讲段子”）的灵魂，而产品植入是盈利的部分之一。

举个案例，某品牌拉杆箱。

如何把一个出差使用的拉杆箱和晴天的内容有机地结合在一起，还不显突兀呢？

首先我会打开抖音，把关于拉杆箱能延展的一些“鸡汤”搜集起来，当作资料库。比如可以讲旅游，可以讲人生，可以讲成长，这一定是能被传播出来的，这个叫作“人性”，也叫作“鸡汤”。

接下来就是找我的“专业”，“@ 晴天讲段子”的“专业”其实是搞笑，我要把这种段子加进去，我观看了很多关于旅游的段子，比如“……上车睡觉，下车尿尿，景点拍照……”这就是一个跟段子有关的，知识也好，或者关于内容也好，这是这个段子需要的那种干货。

第三步就是考虑如何把商品展示出来，我告诉儿子说，其实你可以买个新箱子或者妈妈买个箱子，或者说这是我新买的箱子，然后一路上应该勇敢向前，不怕摔，不怕碰等。这里最关键的点是如何提炼商品本身的卖点。

最后就是考虑怎么能把商品很好地融入画面里，可以参考“@晴天讲段子”的过去的作品，我基本上分了几种植入的方式。

第一种是把它当作道具，晴天不提拉杆箱的品牌，画面里只是让晴天用一下，拿出来展示一下，就是当道具。

第二种是需要着重加一些有卖点的台词，比如说“爸爸，您是不是该吃点鸭蛋补补脑子，然后鸭蛋怎么样”，或者说“爸爸，我给你拿回几个鸡架子尝尝”等。再比如“你们还是买点儿我爸爸的书吧”包括说这个拉杆箱“它耐摔又好看，你还不给他买一个？”包括阿胶和燕窝，基本上都能把产品的卖点表达出来，这些是比较重点的，就看你能不能通过演绎的方式把它表达出来。

还有一些就是不经意的画面的植入，这个是最软的植入方式，比如“寒假作业来了”，其实这里面我只提了一句“一箱子作业来了！”有些时候适合硬植入，有些时候适合软植入，还有些时候你都没有看到广告，甚至有些人会认为我做的是其他产品，它反而不是广告。我曾经拍过一个视频，说女人是水，如果她是一瓶饮料的话，你需要捧着她，一搅和就炸了，当时晴天手里拿的是元气森林，很多人都问我是不是给元气森林做广告。包括之前的一个段子是讲晴天去报考德云社，里面提到了金龙鱼，后来金龙鱼集团的朋友就来给我评论，这些真的是不经意的收获。

接下来，我再给你分享一个真实的案例。2021 年初，我给北汽集团进行了一次短视频营销的培训。北汽正在主推一款车型，结果我结合车的卖点和受众人群，很好地把车销售给了我正好要换车的岳父。是的，你没看错。在我还没有收到培训费的时候，我们已经付了购买汽车的全款。为了更好地表达我对北汽汽车的了解，和一颗愿意帮助企业宣传的心，我们拍了一个爆款视频——《姥爷给我买辆北京车》，这个视频也受到了北汽集团同事们的喜爱，在抖音和视频号两个平台共同发布，获得过百万的播放量，和车友们的好评。而整个内容，我就是利用了公式的套路。

人性传播　搞笑：情绪需求

专业知识　台词：虎哥说车

产品展示　产品：北汽汽车

段子主讲的是买车的经过，从以为是晴天姥爷说酒话，到买到车的反差。专业知识借用了抖音上虎哥说车的专业介绍，赋予晴天“小行家”的专业表达。产品展示是通过买的新车，从车前标到车的天窗，到整体汽车的展示来卖产品。

我做视频号的目标一直是：拍出更多更有意思的段子。我想拍出更多的“鸡汤”“内容”“产品”结合得好的，并且传播点赞过万的爆款视频。像之前那个“什么是幸福”，其实就是特别软的广告，最后画面定格到晴天拿起了那个蘑菇灯，那个是我客户的产品。而且特别巧的是那天晴天还在发烧，状态不好，但就是因为鸡汤放在前面了，所以没有什么太多搞笑内容的视频也把产品植入进去了，即便很难看出那是给一个蘑菇灯做的广告。

视频号不一定是最好的广告渠道，也不一定每条内容都能带货，但是随着晴天小朋友这个 IP 的刻画越来越有趣，内容里能更好地把客户的产品表达出来，还能给观众留下不错的印象，那这条“广告”就没白拍。这里不排除有博主开箱类的内容，那种带货能力比较直接，而晴天的“软广”深受合作客户的喜欢，而且很多客户都愿意转发晴天的内容。所以说，让广告变成更好的用户体验视频，有趣的“买家秀”视频，难道它不“香”吗?

表达：你的内容表达真的过关了吗？

“无脑”的幽默和烧脑的干货，是观众最喜欢看的内容。要么解压，要么共情，要么就是有用，值得保存在微信的收藏夹里。视频号上的爆款内容怎么界定呢？我的答案是，在社交短视频平台上，输出目标受众所喜欢，并且能接受的专业内容。

我在语言表达上一直在学习思考，我给表达分了四个级别：念，说，讲，演。

念，指的是念稿（脚本）。念好脚本，是表达的“入门级”水平。念稿可以依靠提词器，让你的表达显得相对自然一些，眼神不会太飘，也是对很多新博主比较友善的“上手”模式，这里我推荐剪映 APP。做一个账号内容，可以先去借鉴行业里“10w+”的公众号的稿子，直接念都没有问题，毕竟文章里的内容是被验证过的，即使有时候会出现“实效性”差错，但经典和实用性应该不会差。唯一的 Bug，就是人在念稿时一定会把注意力放在文本上，而很容易忽略自己的面部表情。还有念稿一定要选择优质的稿子，切勿过度自信原创的能力。

说，指的是说犀利观点，说靠谱内容，说有趣的口头禅。这些都会为你的人设表达加分，可以利用方言，利用专业术语，利用小众群体里喜欢的词汇和表达方式。我曾一度把作品方向定位为“北京话”，抖音平台还给我一些流量。说是一个基础门槛，先完成，再完美。

讲，学会利用比喻的方式，讲出你的风格。讲课要有趣，讲产品要有画面感，讲述的方式要独特。讲更需要有舞台经验和表演经验，至少表现力要优于前两种。我的课程特色是，段子里夹杂着知识。讲的内容有些是脚本，有些是真情实感，可以参考脱口秀的风格。个人认为讲比说更高级，更有范儿。说，观众听的是用词和技巧；讲，观众要吃透的是内涵和逻辑。

演，一定要把另外一个“自己”很好地呈现出来。演，需要有肢体语言，也需要眼神和道具的配合，甚至是哭泣、夸张的大笑，演对视频号博主来说难度最大。我建议大家多去看看电影和话剧，或者听听相声和脱口秀，理解一下观众的关注点和表达者之间的关系和效果，寻找表演作用的着力点，明白表情大于表达的道理。视频里的你和真实生活里的你，不是同一个人，要懂得释放天性。

同样的台词，谁的表演夸张，谁就容易先火。用“念说讲演”这 4 个维度卡尺，来评测一下自己的水平，念的内容清不清晰，说的内容有没有特色，讲的逻辑够不够引人思考，演的画面能不能让观众共情。

剪辑："神龙八步"的剪辑手法有助于提升作品的表达？

从地铁"写手"到高铁"后期"，我的转型也是根据平台的变化而来的。提升你的剪辑水平的最好的方法，就是多剪辑，多剪辑，再多剪辑，熟能生巧。

提到剪辑视频的APP，我还是力推剪映的手机版。手机的操作可以满足我们随时随地剪辑的刚需，我也在慢慢尝试用剪映直接拍摄素材。拍摄的素材可以直接带滤镜，直接美颜，而且还有风格，有模板供你挑选，对新手玩家来说是比较好上手的。

做内容之前要学会一个词，对标！对标就是找到你要表达的内容领域里优秀的账号，把它当作目标进行学习，最终实现从模仿到超越。而我选定的对标内容可以分五个维度：台词对标，画面风格对标，背景音乐对标，字体对标，表演对标。

我总结的内容剪辑的心法可概括为四个字——"神龙八步"。

第一步：导入素材。

讲这个内容之前应该加一个话题，就是你应该多拍几段素材。在拍摄晴天的视频段子时，有些需要多场景表达，比如要有交代故事的导入素材，如上课之前的画面、出游的画面等。我也会从不同角度去拍内容素材，如果你不是口播类，请把你的画面变得更丰富，不要支上三脚架一镜到底，这样会产生审美疲劳。

在导入素材的时候，可以多拍几个不同的角度，特别是演绎类的。如果借鉴晴天账号的稿子，只拍一个自己的口播形式也可以。如果不是，那就多拍几个不同角度的镜头，这样方便后期编辑，也可以进行内容切换，据我了解，多镜头的观感一定好于单一镜头的展现。我每次导入素材的时候，最简单的方法就是按拍摄的顺序往里导入，第一段，第二段，第三段等。但是有时候需要补镜头，比如我拍前面那个镜头，因为没有具体的分镜头的脚本，我也会把中间的内容往后补，或者将后面的内容前置。所以如果你不是即兴表演，最好先设定好剧本或者脚本。

第二步：生成字幕。

“@金满铮”和“@晴天讲段子”是口播和生活演绎类，所以要生成字幕提升观看效果。我认为字幕有一个独特的好处，生成字幕是为了后面更好地剪辑，没有字幕的部分基本上属于“空内容”，除非是画面切换，如果不是的话，就找到没有字幕的画面，直接切掉。此外，有一个叫作“文本朗读”的功能，可以自动生成旁白，声音可以选蜡笔小新、女生的音色等。

字幕的出现，非常有助于像我这样纯脱口秀形式的剪辑，没有台词不可怕，可怕的是剪辑的时候不知道哪里是“有效”素材。在生成字幕之后，一定会出现错别字，或者遗漏内容的情况，只要在第一时间进行文字纠正即可。

文字有了，我会第一时间选择字幕的“样式”，“样式”里我最关注的就是颜色和字体。“@晴天讲段子”因为多是亲子类内容，我会默认有拼音的字体，字体的出现是为了更好地阅读，包括夜间或者不方便听声音的时候观看。样式的颜色最好是鲜艳的或者跟画面比较协调的，我推荐黄色。由于“晴天”的内容大多是二次加工的脚本，所以我会用白色字体代表纯原创，黄色字体代表加工作品类，从而完成我们的内容质量考核。

文字的表达使用的“动画”效果包括入场动画、出场动画、循环动画三种，这三种都可以提升观看效果。这些效果具有强化表达的作用，比如提升抒发感情的效果，我经常使用的是剪映APP自带的三个功能：“弹簧”“生长”“打字机”。

从观看角度来说，文字最后一个调整环节，应该是断句和字体的大小显示。一段内容如果句子太长，就意味着字体会小，但是字体调大，又会充满屏幕，最优方案是可以通过剪映的“超出安全区”来判断你的调整结果。

第三步：剪辑优化内容。

剪辑内容（剪映里的操作叫分割）就是在“挑”好的“蔬菜”留下，个人建议早期的内容，尽量控制在一分钟之内。视频号一分钟以上的都归类为长视频，很多观众不愿意再去单独点一下“完整视频”，就会降低完播率，剪辑最重要的就是找到精华部分，只展示精华，过多的铺垫都可以剪掉。

我比较关注的一个点，就是“卡”作品的时长。我的原则是，能短则短，能控制在一分钟之内为最佳。在剪辑过程中，可以放大一些内容的细节，做到最精修，北京人有一种说法，叫“话赶话”，一定要把废话和过渡句都优化到极致，但是如果结尾需要升华或者是强调笑话的“底”，那就要适当拉长一些时长，强化效果，比如慢动作，比如变速，比如撒金粉，目的就是要托住观众的感受，不能仓促收尾。经过几次破百万播放量的经验，短视频真的要短，个人建议在30秒以内。

第四步：增加贴纸和音效。

特别是口播和演绎类的，增加一些贴纸和音效，可以提升观看的体验感。我一般会用情绪贴纸和综艺贴纸。音效方面，灵活使用“收藏”的功能，把经常用的这些音效“收藏”起来，这样找起来会比较方便，例如表现气氛的或惊讶的、搞笑的，一定有很多音效可以应用，可以多参考综艺节目，熟能生巧。

贴纸的作用也是为了提升人物情绪的表达，或者起到一些引导作用。贴纸的选项里，我经常使用三个大分类：“综艺”“热门”“箭头”。“综艺”有表达惊讶、疑问、紧张等表情。“热门”的贴纸会根据时间和事件持续更新。最后一项是“箭头”，主要是为了引导观众观看、点赞，或者强调某个画面里的内容。这里还要提一下点赞即传播，用箭头是最好的操作，但是也要慎重，考虑平台的规则。

第五步：添加背景音乐。

一段短视频可以粗略分成内容脚本和最终呈现两部分。在呈现上的加分项，一定是音频的部分。这里讲述我关于短视频的两个必备的操作，加音效和 BGM。

BGM 使用有两个推荐技巧。第一个就是现在流行什么用什么，潮流就是流量。第二是用符合自己内容风格的背景音乐，可能是口播类，可能是演绎类、搞笑类，或者煽情类等。背景音乐是用来表达不同情绪氛围的，从头到尾可以用一个背景音乐，也可以给不同画面配不同的背景音乐，来体现情绪和带动观众的感受。

晴天和我自己的账号内容算是口播类和生活演绎类，所以我经常会用大量的搞笑音效，转场音效，各种生活场景里需要的声音效果，比如数钱，动物的声音等，而作为段子的结尾，十有八九会用到各种笑声的音效。

无论是什么音效，最好把常用的内容收藏起来，不过有时也会因为版权或者剪映的版本升级的问题，丢失一些你之前选好的内容。

音效在添加的时候，要注意以下三点。

首先，音效的音量不要过小或者过大，要根据你的画面的人物声音调整音量，使二者相互配合。剪映的版本升级以后，视频的声音从过去的最大数值 200 提到了 1000，这使得作品可以在相对远距离拍摄的状况下，也不会出现声音过小的问题。

其次，音效的使用和截取其实是一个熟练的操作，什么时候淡入，什么时候淡出，包括声音的出现会不会扰乱原有笑话的“包袱”，都要反复测试和处理。与此同时也要给观众足够长的时间去“消化”包袱响的时间，过短的音效可能会给气氛减分。

最后，音效的出现，有时候会弱化原有配好的背景音乐。这时就要进行剪切衔接，否则两个音效的声音不匹配，也会影响效果。

讲到 BGM，学习的风向标还是在抖音的平台上。剪映是抖音的官方合作 APP，有些推荐音乐，以及当下最流行的都可以供你使用，但切记一定要进行“版权校验”。在使用 BGM 时，建议可以根据内容表达和变化，多准备几个不同风格的背景音乐作为备选。多种类型的 BGM，也可以给发布者想要表达的心情和状态加分，比如体现出幽默感或者烘托悲伤的气氛，来更好地产生共情，引导观众点赞。

BGM 在选择的时候，也要考虑平台的潮流和更新速率，一定要贯彻“降维打击”的逻辑，不要太激进，也不要太落伍。

第六步：滤镜与特效。

滤镜的目的是增加你的画面品质感，为作品完成最后的“上色”，它不但可以表达情绪，也可以突出内容的变化或情绪反差，让你的作品立马高级起来。比如有回忆的画面，可以用“默片”，也可以用“牛皮纸”，而收尾时拉满情绪可以用“江浙沪”和“黑金”。

剪映的最新版本添加了一些画面特效和人物特效。画面特效我会选择“基础”分类里的“开幕”和“模糊”，它们更适合Vlog的开场；“气氛”分类里的“金粉”更容易烘托结尾的效果；“爱心”分类里的“怦然心动”适合表达爱意；“动感”分类里能用的特别多，可以参考一些潮流的视频来学习。“综艺”“分屏”“漫画”三种分类也可以用在作品收尾和需要强调某处时。人物特效主要是强调面部表情，包括抖音流行的“红色激光眼”“问号头”，等等。

第七步：语调变速。

变速分为变快和变慢两种实用技巧。为了突出晴天的梗，我会选择“拉长音”，从一倍速变成0.6倍速，还会加上繁体字，或者使用书法字体去强调风格。调整语速的方法有很多，第一个是为了提速，让作品看起来更精简，很多人用1.2倍速的语速还是可以的，不是那么快。调到0.6倍速是为了能拖长语速，增加幽默感，增加这个段子给人的感受。

第八步：添加封面。

添加封面是当别人看你的视频的时候，或者刷到你的动态的时候，知道你的视频到底讲的是什么，基本上这个就是文案的思维了，就是你写什么样的文案会被点进去。有时我做完视频的封面发现有些文字被切走了，展示不全，所以我现在基本是生成第一版之后我要去测一下，看看字的大小的问题，摆放的问题，切字的问题，这些都可以通过半屏幕预览察看。

剪辑的风格可以保持统一，也可以适当或者周期性进行提升和改变，但无论怎么选择，都切记不要给观众带来审美疲劳。强烈推荐做口播或者知识类的博主用横屏；做生活演绎类、产品类的，最好选择竖屏全屏。因为横屏更关注内容，竖屏更关注人物，所以这是根据视频自身的特点做出的选择。

最后一点，所有的作品在输出的时候，分辨率可以选择 720P 和 1080P，请根据自己的手机的内存情况来定，也可以根据自己的画面要求来定，再三确认之后，看一下成片。关于剪映的操作有很多的玩法，需要多去关注平台上的优秀博主。在我看来，万变不离其宗，“跟随潮流，保持自己风格，让用户喜欢！”才是剪辑的核心原则。

第三章
运营篇

操盘：操盘一个账号一定要运营哪些内容？

第一，一定要看数据！运营一定要看看你的视频号后台，你的观众到底是什么样的人，你发的内容是不是招他们喜欢。“@晴天讲段子”和“@金满铮”目前最大的受众群就是30到39岁的女性。

第二，运营分了很多维度，比如说内容运营、产品运营、活动运营、用户运营等。

用户运营，我觉得用户（包括关注的粉丝、观众和网友）运营第一件事就是，每个人给你的评论，你都要回复。如果你能像我一样用晴天的人设去回复，观众的体验会特别赞。看到账号的大多是陌生人，用户运营就变得尤为重要。不过，遇到网络暴力，

金满铮出席新商业女性论坛

我也会智慧地怼回去！

用户运营就是你要考虑用户们想看什么，哪个话题大家比较容易接受。比如“晴天”视频里提到晴天爸爸有私房钱，那我后面就会一直提这个私房钱的事；而且观众发现晴天的故事里贯穿的全部是“吃”和玩儿，我作为配角永远都会说没钱，怕老婆，这就是用户想看的，那么账号就按照这个人物设定持续做就好了。

用户运营还要考虑能不能让观众（用户）参与到你的话题里，比如说你家孩子写不写寒假作业啊，当你遇到这种情况，你是怎么想的呢？“@金满铮”就经常会把曾经的学员问的问题放进视频里，学员听了就会觉得你在给我讲我的疑问，体验会更好，你帮我解决问题，我也会帮你点赞。所以说用户运营真的很重要。

活动运营是为了让大家都有参与感，比如说征集点赞，根据点赞数我会送礼物；再比如晴天给大家做直播，可以在内容植入的时候说买产品能打折。其实这些你可以说是活动，也可以说是内容，但是让我们的观众和用户参与进来很重要。同样，我们也可以参加官方的话题活动。

活动其实离不开内容，比如说你到底选什么内容去拍视频，内容怎么跟别人的内容产生关联性。就像大家发视频的时候可以@我，我也可以@大家，这就是账号和账号之间的运营。第二就是你在发内容的时候，要考虑你这个内容会不会跟观众产生共鸣，会不会被别人“洗走”。

产品运营，即使没有产品，也是可以卖服务的。比如回复666，我给你一个宝典，一个知识地图，达到引流的目的。免费给你，后面如果想跟我合作，咱们可以再交流。请记住我的一句话，把你的产品、服务、活动，变成客户（用户）的作品。

日更：日更的目的是不是只为刷存在感呢？

保持账号日更是一件不容易的事情，只有围绕“人性”的内容才是传播最高的。“鸡汤”就是一个最容易传播的内容形式。保持持续输出，稳定提升能力，最后的结果一定不会辜负我们的努力！

为了更好地日更，我的操作方法是从抖音上的“成熟平台”中，借鉴相对成功的账号的内容。先找到适合自己的风格和表达形式，为粉丝喜欢的“口味”做内容。借鉴别人优秀的视频作品，在保证持续输出的同时，大大降低了制作视频的成本，选题难度和文案创作难度，错误率，还有剪辑和拍摄时间。

这里有一个小贴士，大家可以刷抖音里“行业领域内相对优质靠前”的内容，以点赞和评论都高的作品为先。

“@金满铮”和“@晴天讲段子”有相同的共性。两个账号60%以上的粉丝是30岁到39岁的女性。由于我讲课的原因，粉丝大多是企业负责人或者营销人员。她们都挺喜欢听讲知识的内容，如果新观众对金满铮的认可度不高，就很难突破第二个圈。

通过数据表明，“@晴天讲段子”最好的一条数据是《什么是幸福》。这说明，鸡汤类、正能量类的视频被传播的可能性比较大。30岁到39岁的女性们会更喜欢听什么？答案是鸡汤，比如说励志故事和人生感悟。

怎么能把“鸡汤”表达好呢？抖音里有很多成功的情感博主，她们的视频长度是 15 ~ 20 秒，可能包含一两句“金句”台词，然后在视频的结尾加上一个慢动作效果。“偷懒”，指的是可以快速地批量生产的作品，然后也能迎合现在的用户的一些需求的内容。30 岁到 39 岁的女性粉丝，可能喜欢看情感类的视频，也可能喜欢看我讲的知识类的视频。

品牌广告主和大众粉丝，都会关注视频号的数据。数据主要是点赞数，评论数，我发现点赞数很高的内容，不一定有价值。有些内容很容易就能引导人来点赞，这个数据其实会很好看，也可能被传播，但如果没有深层次的“价值”，破圈就变得很难。

某一天，我在跟儿子看直播的时候，遇到了一个专门做微商的大老板，她做得非常大，当她看到我进直播间了，就说“哎，来了一个好朋友，是不是金老师啊？”然后跟我寒暄了两句。她说我做的晴天的账号非常好，她身边的人都在看，问我是不是火了呀？然后又问我，什么时候开直播呀？咱们可以连麦。这位微商大佬之前有一条破了 300 万的播放量的作品，加了几万的粉丝。我发现她对我的认知，是在于我的内容能吸引到她，并且已经让她身边的人都看到了。

我每天都在刷抖音，只要有好的话题，内容符合我和晴天拍的，我就分分钟把晴天抓过来开始拍，而且边看边拍，其实我的速度已经提升了，基本上我做一条晴天的内容，过去需要一个小时，现在只要是小段子，从拍到剪到出片，30 分钟就能搞定。

如果你能比别人提前一步进入这个赛场，每天多做一点，结果就会完全不同。思考一个问题，我现在做一条视频，比我过去的时间成本降了很多，原来我真的可能需要看大量的内容，我要思考，现在基本上看一条内容，就立马知道我们今天怎么拍了，包括我之前也存了很多的“蔬菜”，拍了很多关于鸡汤的内容。

张小龙说视频号未来是个“号儿”，但现在我也不太理解，可能我一直在思考这个问题，就是它未来是一个自己的媒体还是平台，它对标的到底是抖音还是公众号？在我看来，视频号对标的一定是公众号，因为公众号是一个人面对很多人，并且是以文字的形式。而视频号是有视频画面的，做内容的基础应该是基于社交关系。

视频号是个“号儿”的意思，就是它会成为有很多功能的载体，比如说在这个上面有支付功能，还有现在的直播功能。它未来可能就是一个独立的平台，只是基于微信这款 APP，所以你要把你的精力往这边倾斜一下，比如你的咨询业务、产品售卖，其他的服务，等等，让它们都沉浸在这个平台上。

你能做到日更两条吗？比如说白天一条，晚上一条，或者你多攒一些内容，那展现率和曝光量可能就会比别人多，现在我每天日更一条，但是草稿箱里至少有十条左右的存稿。我也在思考，当流量真的来的时候，要不要比别人更快一步？

看数据不如看优质内容，看优质内容不如看传播价值，看传播价值不如看变现模式。保持日更，是让更多的受众看到你，你的客户，你的学员，你的合作伙伴，你的微信好友等。

分享：账号自运营靠不了粉丝，难道只能靠微信好友吗？

视频号有别于抖音，运营的重要环节就是“自运营”。视频号的发布可以通过手机端或者电脑端，而发布之后的一小时，在我看来是能不能上动态推荐的关键。我常规运用的逻辑和步骤是通过自己的微信人脉圈来拓展传播。因此，分享主要的三个关键词：传播渠道，时机和引导语。

人教人教不会，事儿教人一次就能搞定！我总结了四句打油诗，供大家参考。

自己看完两遍再点赞。
每天四次发到朋友圈。
微信群里日更发红包。
推荐精准用户不能变。

讲内容运营，先要从我设计内容的时候开始思考。做内容到底是先放段子，还是先放鸡汤，还是先放产品。

举个例子：《邻居家的哥哥又被骂了》结构是先做“故事还原”，我找到了一个孩子哭的音效，找到了一个对打打架的音效，让观众觉得真的是听到了邻居家的那个哥哥被骂哭。交代完故事背景，就引到“女人是什么”的话题上。台词里说，女人是水，放到不同的状态里，呈现不同的一面。那作品最后提升高度：因为晴天只有 7 岁，所以他的妈妈也才当了 7 年妈妈。就可以让无数的妈妈粉丝感同身受。

从开头的搞笑部分到最后的鸡汤部分，这些梗我都埋好了，接下来就要做运营。我的运营也就是几个常见的传播渠道。

第一个，在不同的时间朋友圈 5 连发：早上发、中午发、下午发、晚上发、睡觉前再发。第二个，斟酌一下发的时候的“引导语”。

一个好作品，到底该如何引导大家看呢？《邻居家的哥哥又被骂了》这个作品，我是凌晨 12 点发的第一条，朋友圈的引导语是：“娃睡了，你睡了吗？”很多妈妈一看就知道，孩子上了一天的课，自己也终于把孩子的事情弄完了，可以休息的时候看到这条作品，会不会也感同身受呢？接下来，我又会说：“寒假来了，你家娃作业写了吗？”“做妈妈真的不容易，爱妈妈等于爱自己。”内容每一次发到朋友圈里，我基本都会用不同的引导语句传播。

第二个，要把作品发到微信群里，同时再加一个视频内容的介绍，也可能是一个标题，先告诉别人我有个视频要发，然后把视频里特别经典的观点和互动放给大家看，第一时间让观众 get 到这个点。比如我发过一条关于疫情的话题，介绍语写的是“当下大家注意身体，注意吃饭的时候要忌口”。学会在群发的时候引导大家去看，让每一个人看的时候都带有目的性。

微信群有很多潜在受众是跟你有关系的微信好友，或许有一天他们会成为你的潜在成交客户。那你要思考如何打动别人给你的内容点赞，其实发红包是最好也是最礼貌的方式。

我发红包有个潜在的逻辑，“少就是多”——发的数量少，但是金额要大！我每次求人办事，或者去有价值的群混人脉都会发一个200元的红包，发之前会根据群里的人数来判断发多少个。

如果是500人的群，我会发10～20份；（200元/10～20个随机包）

如果是200人以内的群，我会分50份；（200元/50个随机包）

如果是100人的大佬群，我会发相应人数的随机包；（200元/群人数）

200元钱在线下的人际交往中其实也就是一顿下午茶的钱，但是分到微信群里，相信对于大多数网民来说，算是个大数字了。此处忽略大佬级的微信群，我也曾一度收过N个200元的红包。

钱的多少，永远是相对的。拿大钱办小事，是社交礼貌；拿小钱办大事，是投机取巧。发完红包之后的下一个动作，是发视频号作品到群里，可以介绍自己的内容或者自己是谁，让更多的群内好友帮你点赞或者传播，稍微过分的就是让大家加一个观众。我并不觉得这是买“粉丝”，而是用价值去置换视频号的传播价值，毕竟如果你的内容够好，以后还是有机会继续传播的。

多说几句，所有的信任都是建立在社交关系基础上的，而能推动后面继续产生价值的，是彼此赋能，或者是提供资金，也可以是相互提供资源，毕竟没有天上掉馅饼的好事儿。你是谁不重要，你在哪个群里也不重要，重要的是群主会不会帮你推荐，而且你群里的好友认不认可你的内容和你所在的行业以及你的能力。

第三个，通过“群发助手”发到你设定的200人的小组。无论是有多少人的微信群，一定会有三种人：理你的、骂你的，还有就是不反馈的。

当有人骂你的时候，你要想办法，不要直接说“对不起，抱歉，打扰了！”而是尝试着再多问一个问题，把你的回复变成“难道你不希望每天开心一点吗？”如果他说这个是“打扰我”“你还算不算是我的好朋友？”那你的回复可以是“是好友都会给我点个赞”。切记不要正面地否定自己，也不要否定别人，而是想办法去引导他跟你交流。

如果你遇到了真正认可你的人，那你就跟他再交流两句，比如说“谢谢你支持我和晴天，后面我们会有更多的内容，包括在北京看病的攻略、相关985和211院校这类知识攻略版的内容，希望你能收藏，转发给身边需要的人”。

除了传播渠道，就是引导语和传播时机。

“自运营”一定要自己先观看一遍，然后在第二遍的时候点赞，这样的话系统就会把视频推荐到你的微信好友列表里的好友点赞栏。视频号的三栏分别是：关注，朋友，推荐。在系统里你可以根据自己的喜好观看别人点过赞的视频，也可以不去看别人点过赞的。因此点赞的第一步变得尤为重要，点赞即转发。

一定要把作品发到朋友圈去扩大影响，我之前说过，视频号的出现其实是在努力拯救朋友圈的流量，这也就意味着很多微信好友其实是不能第一时间，或者根本看不到你的作品的。所以分时段发布就是发布时间要有区别，分组发布是要区别对待观众，发布时@用户，是提升关键人的完播率，最后一点，“引导词”也是增加点击率的重要环节。

再举个例子，同样是孩子开学第一天的段子，我可以发不同的引导语。

早上："你家神兽出笼了吗？"

中午："也不知道神兽在学校吃饭吃得惯不？"

傍晚："工作上的事就别郁闷了，再有 2 个小时神兽就要归笼了！"

晚上："是不是你也吼完了，过来看看晴天开心一下吧！"

最后一个提醒是，视频一定要推荐给精准用户，这也是能破圈和上推荐的重点。精准用户该怎么判断呢？其实我有两个标准来考核，第一是你想要的用户，第二是你作品持续圈来的主流用户。

数据：研究哪些数据，可以提升你的作品影响力？

内容和数据是特别值得研究的两个事物，特别是你做了一段时间之后发现没有效果，转化率差，到底是什么原因呢？每个做内容的人都应该清楚，其实做内容分为这四步：第一步是创作，第二步是实践，第三步是不断地优化，而第四步是循环这三件事。

第一，你的作品是否有价值和创新力，能不能持续有内容。我发现视频号跟抖音最大的区别，在于你的内容，只要被你的好朋友喜欢就够了，然后你的好朋友可能推荐给他的朋友。但是抖音就必须大多数人都喜欢才行，但其实这个也没矛盾，如果你的好朋友不喜欢，可能你朋友的朋友也不会喜欢。这就是关系社交和内容社交的区别。

我发现一个问题，你给我讲一件事情，我不能 100% 地接受和吸收，而且就算吸收了，我做出来的内容也不见得 100% 执行得好。所以每个人都应该多看别人的好处和优点，能为自己所用的就借鉴一下。你说她长得漂亮，我长得没她好看，我不能为这个去整容吧，那不现实。但是他这个音乐选得好，他这个台词写得不错，这些是可以学习的。

你的创作力需要先去学习和模仿对标，我之前就“进程”问过很多“日更联盟”的盟友，你的视频的数据如何？你要不要看看你每天的内容？其实你可以说假话，但是结果是骗不了任何人的，因为结果你自己能接受，你做的内容好不好，能不能引流，能不能产生销售转化，甚至你做任何事情都骗不了自己。为什么？因为结果不会陪你玩游戏。

内容的创造力很难评估，但我建议你多问问身边的人，你的内容他们喜不喜欢，你再问问他们，他们的朋友会不会喜欢？第二个是你有没有找到你的对标选手，看看谁应该是你学习的对象，有没有工具方法。

第二件事就是要不要去执行，每个账号创作者最痛苦的无非是作品能不能传播到更多的群里面，能不能有更多的人点赞。那么你要不要发红包让别人来关注一下，甚至你发了之后有没有人来互动？简单地说，学会拉下你的面子，去运作你的账号，你既然都拍了，干吗不把它运营好呢？

你生完“孩子”难道不要养他吗？难道老天爷会帮你养这个孩子吗？肯定不行，生养是两件事儿，做内容就是“生”和“养”，就是你要学会让更多人看，点赞互动，评论甚至引导别人去吐槽，这真的很重要。

执行的过程中你会发现，比如字幕偶尔会有错字，比如字幕被截掉或者声音过小，背景音过大，这些还是内容里的问题。其他问题还包括你有没有选话题，我发现很多人还是没有“玩儿话题”的意识，这个话题我觉得还是有展开讨论的价值的，比如当我看到别人的一个视频还不错，可能我往下滑的时候都是同一个话题的内容，所以我建议你去加“#”、加话题，这个运营的小技巧可以参考创作者社区，那个内容里面有好多“#”，你可以去挑跟你话题相关的。

第三个就是优化，就是你要不要提升你的内容，我觉得大家不能优化或者是找不到优化的点，就是因为看得少。读万卷书，行万里路。为什么你做的内容不被别人点赞，或者为什么没有破多少的播放量，或者为什么没人来找你做咨询做服务，就是因为我们只站在自己的角度，或者我们做这个事情没有那么专业，统称就是没有“说人话”，没有用户思维！

每个人遇到的问题不一样，所以只有不断优化才能让自己更好。我的建议是做自己擅长的、喜欢的，并且愿意持续做的才是最重要的，不能说为了职场规划而讲职场规划，因为你希望通过它去导流，但是你想一想，别人认为你是职场规划更专业呢，还是带孩子更专业，还是因为你的方言有意思才关注你，真的不一定。

最后一点就是循环了，我觉得循环这个事情其实就是我们的日更，当你去创作，你又去执行，发现哪个地方可以提升，那就一遍遍地循环，一遍遍地提升，我每天需要花至少两到三个小时看视频。

每个人的作品提升、运营能力提升，包括对认知的提升，都是大量的输入，现在大家可能是因为60%的时间在工作，拿出20%～30%的时间去做内容的投入，还要拿出一段时间去做运营发红包等，所以在输入上投入的时间和精力比较有限。

在我看来，好一点的老师是教工具和技巧的，更好一点的老师是讲规则+方法论的，最厉害的老师其实教的是人生感悟。回想一下自己，你也遇到过很多的老师，她们教了你那么多知识，你还能想起哪一句话、哪一个观点或者哪一个画面。我现在还能想起我人生第一个英语老师曾经说过的一句话：“如果你能看到夜空里第一颗星星，一定要向它许愿，记住一定是第一颗星星！”抖音里我曾经听到一句话：“好的知识，其实是看你最后能忘掉多少，能记住多少。”我还是引用我五姑父的一段话送给大家，也送给我自己：“行他人方便，行己方便。”

接下来，我就用晴天账号做个案例分析。

粉丝数：2162（截止到 2021 年 9 月 15 日）

我想要的用户最好有以下几个标签。

①有消费能力的女性观众。

②可以合作的品牌或产品的负责人。

③ 30 岁以上的父母。

④小学生的家长。

这些标签的观众可以帮助我更好地推广内容，有效增加账号运营过程中产生变现的机会。目标用户越精准，你的作品就越容易出爆款，让观众与你的视频共情与互动。视频号的作品可以打动一万个不一样的用户，也可以让一个用户被你打动一万次。

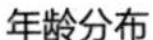

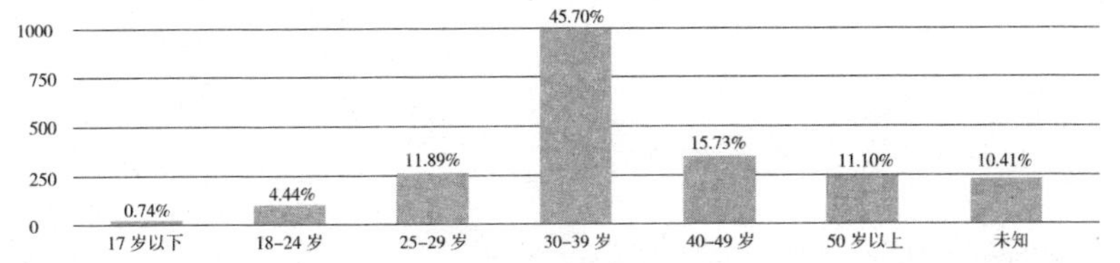

视频号 @ 晴天讲段子的后台数据

① 30 ~ 39 岁的女性观众占比近 50%。

②省份城市前五名：北京市、广东省、河北省、四川省、上海市。

③安卓系统用户占比近 60%。

④“奶奶”和“阿姨”级别的观众成为主流观众。

这些数据实时更新，也会实时变动，但是我的目标和最终数据大体吻合，虽然其中也有一些出入。我没有想过“奶奶”级的用户也会喜欢晴天的表演，而她们喜欢关注的内容也会慢慢成为我的内容输出板块之一。

人性：如何快速理解人性，提升作品的传播广度？

我每天发视频号，是不是有一些特别固定的规则呢？其实每个人的玩法都不一样，结果也会不同。你做视频号的目的是变现，但赚钱的方式有很多，不一定是内容惊艳，粉丝量也不一定多，可能你在做账号的过程中，就能收获到你想要的。

你的内容不一定招所有人喜欢，只要招你喜欢的人喜欢其实就够用了，有些人讲得很专业，有些人讲得很“干燥”（只讲干货），你的受众也很有可能不爱听。

我发现视频号里有很多美女在直播，但这里的美女你认为好看，我不一定认为好看；或者大家普遍认为好看，也还是有人认为不好看。然后我发现一个现象，也可以说是一个规则，就是你想看这是什么样的视频，你会点进去；如果你想认识人，你也可能会点进去。

你可能会被封面的内容所吸引，所以设计一个好看的封面很重要。但很多时候进入一些直播间，封面和内容完全不符，封面是一个漂亮的小姑娘，但是点进去可能是个阿姨，或者是个男生。

我一直在强调，大家要去看一看自己的账号背后的用户到底是什么样的人。因为我发现，但凡长得还不错的小姐姐讲内容，我都会多看一会儿，哪怕她讲的跟我没关系，我都会多看。如果你是一个长得漂亮的人，本来你有很强的优势，但是你没有发挥出来，那这就是你的损失，如果你发挥了，你就要想到底什么人真正看了你，男人还是女人？

在运营的这个层面上，如果平台给了你一些规则玩法，比如说加“#”加话题，我觉得大家可以去“蹭一蹭”，我看到很多朋友还没有开始玩儿话题，这个玩法我觉得可以用，既然规则允许，那这个就是原创作者社区，社区里面有很多话题大家都可以用。

规则里面的“人性”部分也要顾及。无论谁，只要发作品的时候@我，我基本都会看一下，而且我一般都会给点个赞。原则是什么？原则是你都跟我说话了，我不能不给你一个回复，有些时候规则和人性是相通的，就是你知道规则了，你@很多人，就有很多人来回复你，但是别一次@很多人，比如要@二十多个账号，你每次@三两个，我觉得这些账号一定会给你回复。人最纠结的不是得到多少，而是失去多少。

要求大家必须转发的时候，你要考虑一下规则，就是你每天是要大家只转发一次，还是转发多次。朋友圈没有规定说不能发100条朋友圈，但是你发多了就可能会被人拉黑。什么叫规则呢？大家的规则一定是早上看，中午看，下午看，晚上看和睡觉前，所以你要考虑要不要在这五个时间节点再试一试推送相应的人。

在我看来，一定要每天早上推送，因为大家早上起来大都会上班、工作，比较清醒，第二个就一定是晚上睡觉之前，我会在这两个节点里找到群发的一个节点，但也要根据我的内容，如果是讲感冒发烧、注意身体之类，我一定早上发，如果是那种鸡汤情感类的视频，我可能就晚上发了，让大家睡觉前喝碗“鸡汤”暖和暖和。

说到人性，“长得好看”一定要把它发挥到极致，我看到很多人的账号内容并不是很优秀，但是他学会了利用自身特点，比如他的穿着、打扮，或者某一种气质会吸引异性的关注。这话不能说得太直白了，炫富也好，炫你的身材也好，炫你的长相也好，我觉得这就是人性，大家都愿意看帅哥美女，如果你能理解这个，内容是不是可以表达出去？一定要把人性弄明白，什么是用户更喜欢看的规则，然后在规则之内一定做到极致，我觉得你可以不打破规则，但要学会掌握规则。

流量：关注大流量还是关注小众流量?

“垃圾流量”这个词，我第一次听是在录课程的工作小哥那。几年前，相对高龄的用户进入抖音之后，发现没有好内容提供给他们看，于是就出现了所谓的“非主流”流量。但是抖音和视频号不同，视频号有很多相对大年龄段的用户，好比拼多多。

世界上没有垃圾，只有放错了位置的东西。

抖音里的“垃圾流量”，或许是未来视频号里的主力观众的关注。

我给大家讲个故事。有个朋友是做服装批发的，原来的店铺迁址了，所以就关门做线上营销。她有很多微信好友，于是她开始做抖音，把那些服装穿在自己身上，一条一条拍成视频。

这个朋友的服装都是 45 岁以上的广场舞阿姨们喜欢穿的，但是抖音对这部分用户来讲，很少有“主流内容”可以给她们看。于是她就把视频拍成阿姨们喜欢看的样子，而且每天在直播间直播，然后就把那些衣服卖掉了。

还有一个经典的段子，说 20 年前很多人喜欢在马路上、广场上跳迪斯科，然后过了 20 年，这帮跳迪斯科的人变成跳广场舞的人了，同一拨人！那在整个短视频平台上，这些“非主流”的流量真的非主流吗？

做小众账号之前，先做大众流量内容，然后把你的粉丝攒到1万，或者攒到相应的数量之后，你再重新垂直做内容，我觉得这个思维好像跟“垃圾流量”的意思是一样的，就是你先垂直，后放大。做别的其实是完全没问题的，所以当时我理解了，“垃圾流量”指的就是平台上那些非主流用户，你在小众里面先做成大众，然后再从大众里重新做精准流量。

另外一个经典案例，就是拼多多。拼多多的用户不是一线城市的白领和中产阶级。拼多多主打价格便宜，其实淘宝早就做了。而精准流量的用户，就是互联网的50岁以上的中老年用户。原因是因为微信红包的这批流量来了，导致他们手机里存了很多钱，但是他们又不是线上购物的用户，于是才有了拼多多，价格便宜的王牌。淘宝跟拼多多差不多，但是拼多多是基于微信发展起来的，这里拼多多要感谢各种“战友群”和“标题党”的老人文章。

讲个事实，“@晴天讲段子”的视频，有一部分我的妈妈和我岳母的朋友们很喜欢，她们看了都会说，这不是谁家的孙子吗，然后她们就来点赞。难道抖音里没有晴天类似的内容吗？当然不是，但是根据千人千面的原则，她们不一定能先看到小孩子的搞笑视频，而出现最多的是小哥哥、小姐姐。假如你能拍一些做饭的内容，阿姨们可能也会喜欢，并加关注。

总结一下，“垃圾流量”就是在一个平台里原本不被重视，但是又大量存在的用户，那他们就有可能帮你快速地使账号成长起来。同时你需要关注的是，你未来的用户到底是男人多还是女人多。很多情感博主，还有一些朋友也跟我说过，很多账号一旦做起来了，发现是因为颜值，导致账号的用户都是男人，那后面变现卖产品就不好卖了。

回头看看我的数据，我有一个奇怪的感觉，视频号就是短视频界的“拼多多”。

引流：如何通过欲擒故纵与千人千面来做引流？

有钱大家一起赚，但是有的圈子你进去了，就要看你的能力和资历，甚至行业地位够不够得着赚钱的门槛了。不是朋友多了好办事，而是有能力了朋友多。在视频号可以混圈子，但是要看准谁有货，谁只是有名头而已。所以不要仅看前台数据，还要看这些用户给你带来的价值大不大。总提六度人脉，所谓六度人脉关系理论（Six Degrees of Separation）是指地球上所有的人都可以通过六层以内的熟人链和任何其他人联系起来。通俗地讲："你和任何一个陌生人之间所间隔的人不会超过六个，也就是说，最多通过六个人你就能够认识任何一个陌生人。"做内容主要看前三度人脉，朋友圈是你朋友的朋友。

引流其实就是把所有的公域流量引到你的私域上，把你陌生的或者是认识的人引流到这个地方，可能是你的视频号，你的个人微信，你的公众号，或者是你的某一个平台，这一步是所有人都需要做的，但是怎么做呢？

举例三种账号。

第一种：知识口播型。这一定是讲自己的知识干货或者是你特别感兴趣的某一个问题，然后深度给你讲，越讲越慢，越讲越细，越讲你越喜欢，有种娓娓道来的感觉。可能在最后甩出一个问题，问你要不要跟我学习，甚至有些人可能不提"培训"，你都会主动找他学习。

这种做法就叫欲擒故纵。就是我越想让你干什么，我就越不表达出来，反而让你觉得“我应该找他，或者是通过什么方式能链接到他！”这是最高级的引流方法，通过你对我的认知和对我的感受，被我吸引，有人说这就是路转粉。

第二种：贩卖课程型。作品内容稍微有一些干货，然后拉你入伙，比如说我告诉你，加入我的平台，加入我的团队，加入我的品牌，我会给你带来什么样的价值！然后这个内容和价值基本是五五开，或者是四六开，至少会占40% ~ 50%。这是在告诉你，你要加入我，我会给你带来什么样的好处！我觉得这是一个常规的理解，也可以叫它“放诱饵”式引流。

第三种：成功学大师型。很多大师都讲成功学：你们想不想让父母更健康，想不想让孩子过得更舒服？你想要这个，想要那个，我们都想，那怎么做呢？来跟我做，因为我成功过，我如何如何过，其实这就是成功学大师的玩法。所以这基本上是放在最后一种，我觉得大家可以通过我刚才形容和描绘的类型，自己去看什么样的引流最有效。

还有一个词：千人千面。假设你来自“8线”小城市，可能成功学最容易让你中招，因为你觉得对啊，我不想让我父母不好啊，我不想让我孩子不好，我不想我不好，那基本上就中了。那如果你有一定的认知，你就会觉得第二种比较不错，五五开，四六开，你至少先说点东西，让我听了觉得还不错，然后我来买你的服务。我只把我的一些观点说出来，然后你发现，你怎么跟我有这么大的认知差距，我说得那么有道理，而且有些道理是特别实在的。

举个例子，有句话叫“你把勤奋扔出去，你的能力就回来了，你把能力扔出去，你的金钱就回来了，你把金钱扔出去，你的团队就回来了，你把团队扔出去，你的事业就回来了！”各位，你们现在在什么阶段，你就应该去哪个阶段对号入座！

我觉得这就是比较高级的，因为有些话不是所有人都能听得到的。那么有人会说一些大家都听得懂的，或者是百度上都能查得到的。而有些人可能从特别厉害的书里面挑了一句，特别精辟，而且还不是很常见。所以我觉得三种引流都能达到效果，就看你是什么人。

如果按“上中下”来说，入门级的人选下，他可能没有见过什么世面，基本被成功学大师引走了。如果你做了一些事情，特别是做视频号，你知道视频号价值不一定是粉丝数，可能是播放量，也可能是转化率，那你就会被第二种人带走。如果你是第三种人，你发现你做了一段时间到瓶颈了，你需要进入更高级的圈子，并且发现这个圈子里说的一些内容，都是你完全没有听过的，而且你觉得非常有价值，你就跟他走。

做账号要给自己留一个“池子”，就好比从你的鱼缸，鱼池，渔场，一直到养殖基地。让粉丝加你，是加到你的个人微信上，还是加到你的公众号上，或者加到你的微信群里，还是加到别的什么地方，不要只在一个地方维护我认为都可以。

节日：如何抓住关键时间节点来做内容呢?

“春运”，我指的是春节的运营，这也是一年里第一个比较大的流量，希望大家能通过视频号给自己的内容进行一次突破。我在准备春节的主题内容的时候，无论是从服装上，还是从价值观上，甚至从互动的点上，都要考虑再三。比如说春节之前我会拍一些关于拜年的，或者春节里能解决大家一些具体问题的素材。

如果你的内容与职场相关，你是不是可以考虑拍一些过年的时候怎么给朋友发短信，发微信，怎么发红包，发多大的红包，在团队里应该怎么鼓励大家的视频？这些都是思路，比如说你可以拍“送礼物”，这些内容大家可以去搜集一下。我们经常说，春节送礼物会遇到很多问题，那怎么解决这个困扰呢？有四句话就是：“大过年的，来都来了，还是孩子，给个面子。”

在春节其实有一种流量非常好操作，就是拜年的红包流量。你要不要给别人发红包，你发红包要不要让别人给你的视频号点个赞？平时运营账号不好意思让别人点赞，其实过年的时候你给他发一个这种拜年的视频，或者是拜年时发一个你觉得有用的生活技巧的视频，这样既发了内容还拜了年，然后补上红包，让别人又开心又点赞，一箭双雕。

“春运”里面最关键的是大家要提前备好一些“蔬菜”，同时要应景，比如说春节的时候可能会有很多新的“瓜”需要吃，比如一些热点事件。有条中肯的建议，不要吃“血馒头”，传播核心就是传播正能量。

“春运”中视频号官方会推出拜年的活动，比如红包封面，比如主题活动。当你录好一个祝福的视频，然后打开红包直接点下来，就可以推广你的视频号。春节会有大量的用户在朋友圈和抖音上刷东西，所以分析一下用户大概是几点起床，几点睡觉，是不是就会明白你的内容应该在晚上多发几次，白天少发一点呢?

窍门：深度强化人设与蹭好热点也是一种窍门吗？

同样做视频号，同样在做运营，如果只是做完了就放在那儿，等着它自己播放量上涨，那是做白日梦。要不要群发？要不要发朋友圈？要不要写篇公众号引导？要不要在跟别人交流的时候让别人看看？我已经说了无数遍了，要！

要不要去蹭热门话题？现在什么话题比较热？打开一些第三方平台看看，至少是一个可以参考的值。当你去做你的内容的时候，要不要加一些大家都在看的话题？比如说人生感悟，比如说父母，比如说恋爱，比如微信时刻等，我认为有些内容你可以通过热门话题去蹭一蹭热点。

第二个是，保证每一条视频下面的评论都回复，再往下就是你以什么样的心态去回复呢？我觉得第一步就是先回复每一个人的评论，好不容易有人打了几个字，对你的内容表示认可或者是不赞同，你肯定要跟人聊一聊。所以我的第一个建议是大家一定要回复得好玩儿，有意思，或者至少是真挚的。第二就是如果有人回复你了，要在回复上面点个红心，把这些内容置顶。

还有就是巧用评论区做内容营销和引导。我跟一些我的广告主交流过，我说有的内容不能做得太硬，比如说燕窝好不好吃，比如说拉杆箱在哪儿买，所以我基本上让他们在评论区里留言，比如：你想要什么产品啊？可以来我这儿买。或者：我是晴天爸爸的好朋友，你下回再想吃我给你送，像这样的语言都可以放在评论区里。

增加人设感，每次用晴天的口吻给大家评论，会有两种表达。第一种就是以晴天的身份去说，称呼对方阿姨、姐姐、老师等。第二个就是如果有些观点是我想说的，或者是我觉得不太对的，或者我赞同的，我都会这么回复：我爸认为怎么样，我替我爸说一句，类似的话。无论是晴天自己的表达还是替我表达，都会让人觉得这个账号特别真实，特别实在。

人设加运营，这个很重要。你的评论，包括你的回复，包括要不要把一些重要的回复置顶，最简单的置顶方式就是给每一个回复你的人点桃心。当他看到你的内容的时候，会觉得有一种自豪感，或者叫作存在感。

话题：视频号的借势话题真的重要吗？

话题借势，我总结了一个鱼眼理论。

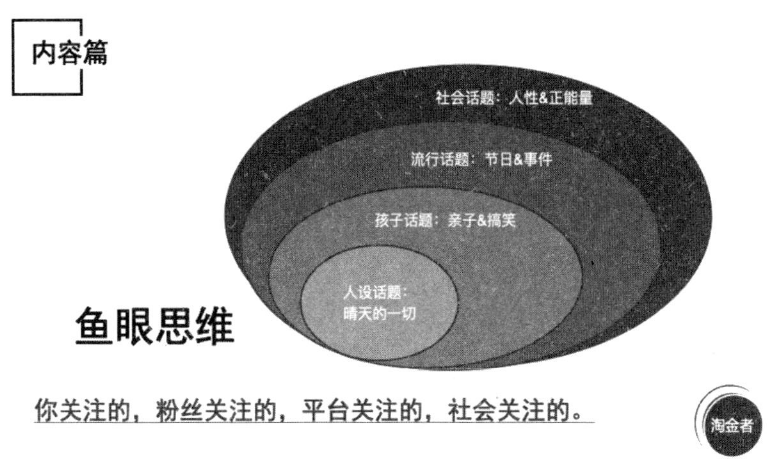

金满铮总结的“鱼眼思维”模型

所有的话题，其实都离不开这 4 个维度。为了让晴天自身的人设立得更稳，我会围绕晴天的生活来展开话题。比如晴天的教育、成长、饮食、出行、娱乐等。好的话题也要与观众紧密相关，比如辅导班和健康，是所有家长都比较关心的，而食品与服装类的话题内容最容易变现与带货。

粉丝观众更关注的就是账号本身的价值，搞笑和亲子话题。

搞笑也要围绕热点的话题展开，蹭话题可以去综艺、抖音、微博上的“超话”等，以讲笑话的方式表达出来。亲子本身的话题，就要从晴天的话题里筛选更有流量的。比如机智问答系列，比如上学趣事系列，比如讨好妈妈系列，比如穷爹系列。这几个系列的话题，都包含了亲子、家庭、夫妻等内容，一个作品里，要包含多维度的带有冲突的话题才行，这才是能够传播的隐藏秘诀。比如我最早一个 10W+ 播放量的作品——“100 减 20 等于多少？”总结一下，就是要根据播放量和互动数据，从现有的话题里做筛选，继续深度做话题。

第三层是流行事件和节日话题。我们可以围绕这个最容易被平台看中，也能够被品牌看中的节点，深挖用户心理，去做标杆内容。这些内容会有题材的局限性，不容易被二次传播，但是会阶段性爆发。比如开学祝福、高考祝福、春节祝福，再比如护士节、教师节。这些同质化内容中，谁的作品更新奇，更容易破圈。想做变现，就要考虑品牌的需求，消费者的需求，平台的真实需求。一个要钱“卖产品”，一个要爽“有价值”，一个要量“留观众”。

最高一层，也是最容易找到的一层，人性传播和正能量。我做过郑州水灾的作品，希望我的知识和内容能帮助当地的企业，也是在传播大爱。晴天最值得我推荐的作品就是：“如果你在意我的话，就请在意我的话！”无论是哪个平台，我们都要除掉一些情绪，增加一些感恩，做到让更多人开心，我们的结果也不会太坏。

此外还有一条温馨提示：不要接太多负能量的话题，毕竟我在抖音里遇到过“冷板凳”。无论从哪个角度解析，我都不建议你去碰！饭不能乱吃，玩笑不能乱开，做人要有规矩，做事要有方圆。

作用：视频号为什么说做不到“刷”，而定义为工具内容呢?

视频号未来能不能碾压抖音，我觉得“追上”是第一步，也是最关键的一步。毕竟抖音已经开始做兴趣电商了。也就是说抖音的变现模式很明确了，从内容输出变到内容卖货。抖音越来越重视“搜索”的功能，意味着视频的时代到了，我们更愿意通过视频找到我们想要的答案和产品。那视频号能不能做到呢?

我说一下我的观点和预测。视频号在短期内，还是做不到“刷”，但它可以变成很好的展现工具或者平台。我之前提到过儿子和女婿的关系，也就意味着“娱乐”是抖音的代言词，而“社交”是视频号的王牌，那未来“实用”的特征，可能更容易给视频号贴一个标签。每个人除了娱乐，更多的是工作和生活，微信的地位目前是很难撼动的。那如何提升这两个领域里的效率呢？视频号未来可以做到。

你关注一下自己的APP使用时长，如果微信还是遥遥领先其他APP，那在这个“生态”里的视频应该具备哪些价值呢？我猜第一个因素就是视频要“有用”！所以我会拍摄很多关于培训和我做事的方法，比如培训前的确认信息，还有晴天来北京看病的医院介绍都被我拍成了视频。

视频号的工具属性是方便，在很多应用场景里也有很强的可操作性。方便之处就是打开一个视频，可以看你的产品介绍，看你的公司案例，这些内容就是有用的，你可以选择在微信点收藏，需要的时候拿出来看看，或者转发给对的人，超级方便。随着各大 APP 的相互打通和解除屏蔽，相信这些功能也会越来越好用！至于视频号的可操作性强，我指的是视频号可以跟企业微信打通，可以跟微信支付打通，可以跟小程序打通，同样也可以跟公众号打通，做到从信息流通，到数据录入，到电商变现，到位置采集，到服务售后，视频号的可拓展性真是超级强大！

如果是一个工具型的视频平台，那就很难做到“刷”，“刷”的概念更像是女人在逛街，就像刷抖音，你不知道你会遇到什么商店或者品牌，但是这条街会根据你的喜好来推荐给你看，俗称千人千面！而视频号的舞台基于社交，一定不会少的是鸡汤、新闻、搞笑。而功能性的内容可以作为平台的加分项，或者发展的新方向。有人说视频号是企业未来的微官网，代替了公众号。但毕竟视频的时长有限，展示的风格单一化，直观的好处就是让你喜欢，能留下，不喜欢就会立马离开。视频号如果是工具，最好在做内容、写标题甚至蹭话题的时候，把内容做成系列，或者做成专题。可以参考头条系、百度贴吧的做法。

第四章 变现篇

产品：有货可卖，难道不香吗？

不是每个人都能开工厂，也不是每个人都需要有自己的产品。如果没有产品，我们可以外链其他人的内容，帮别人卖课，卖货，卖资源，植入广告。所以不用只低头找自己的产品，也可以多去链接别人的内容。

所有的产品在我看来能分成四种：引流款、爆款、利润款和品牌款。

每个产品都有不同的价值，引流款就是免费的或者是低价格的，让你的用户观众看了之后就会买单，或者是点击。爆款就是每个公司品牌里面最好卖的，就像别人一提到苹果公司的产品就能想到苹果手机。利润款就是你投入一份精力，能赚很多份钱回来，能给你增加很多复利，一次投入多次收益或者一个产品有多次形式的售卖。品牌款就是这个东西是最贵的，但对于你来说可能是最能达到你的形象要求的。

当视频内容已经做得不错了，要不要把产品“埋”到我们的视频里面呢？

举个例子，我会引导大家去看我的文章，文章是免费的。但是我也有收费的文章，基本就按1元钱收，这就是引流款，你在未来的视频作品里面，也可以给别人一个优惠券，或者让别人以最低的价格感受到你的价值，打造自己的引流款。引流款基本上是以很低的价格做宣传的产品。比如咨询类的，可以是一个 19.9 元的评测，或者是自己的入门级的课程，可能是 1 元试听机会等。但一定要有价格，如果产品没有价格，别人就不会来关注。

爆款是大家都能认识你，并且能记住你，而且能持续帮你做推广的产品。它一定是在微信生态里能被人接受的价格，我觉得肯定不是千元，而是百元左右的价格。爆款可以是一篇文章，或者某一个视频，或是下面可以链接的资源。我的爆款是我的书，我在视频里提到："每天增加一点营销思维，可以买一本我的书。"这就是爆款，爆款大家都买得起，而且还能做传播。

我的利润款其实是营销咨询，因为咨询是我这么多年的工作经验，其实就是把过去的工作经验和知识一次、两次、三次、五次地去做服务，我不需要学新的，把我过去的知识内容重新组合之后就能打造出我的利润款。

我的品牌款其实是我的线下课，因为大家都知道金老师的课程很有意思，基本上听完课都要加我的微信，然后买我的书。思考一下，你有没有你自己的引流款、爆款、品牌款和利润款呢？

圈子：有人能来，难道不需要谢天谢地吗？

“日更联盟”其实就是一个小圈子，一个小社群。圈子最重要的是能给你赋能，能给你增加更多的机会，这个圈子不一定能给你赚多少钱，但会给你更多的想法和机会。

我之前在做电商的时候其实就混过圈子，当时我是所有讲师里最不擅长运营的，但是我懂创意，也比较懂文案和视觉设计。我当时就职的是一家由广告公司转型成电商的公司，所有人都在讨论流量的问题、上架的问题、关键词的问题，我入圈很难，因为讨论的话题不一样。

后来我发现圈子里的人都不懂众筹，大多数讲师都在讨论怎么帮客户卖产品，而我只想怎么去做推广，怎么去做内容。后来我被他们称为“众筹小王子”，慢慢地融入这个圈子，大家觉得金满铮好厉害，但是我从来不跟他们讨论运营。

没有人是完美的，你想想，你是拿你擅长的事情去做内容，还是拿你不擅长的硬要融入大家的圈子里呢。有很多视频号的群，你是否想加入获得你想要的东西，可以斟酌一下。

我发起“日更联盟”的原因，就是希望找到一群跟我玩视频号的玩家。陪伴也是一种成长，也可以学到很多有用的东西。在联盟里，我会告诉大家，我是怎么接广告的，我是怎么去跟他们谈合作的，包括拍视频的时候注意哪些问题，哪些视频后面会有更多的技巧，而且我希望我的技巧能帮助到大家。关于圈子，我个人建议去一些付费圈子，看看人家是怎么做的，因为很多圈子它是有门槛的，如果你没有进入这个门槛，你很难知道里面的玩法和真实的感受。但是你进圈的时候要考量一下，你觉得你到这个圈子里的目的是什么。你是混人脉去了，还是学知识去了，还是要去了解什么。不要怀疑这个圈子值不值，无论是两百、两千，或是两万，每个圈子都有它自己的价值。

我强烈建议你一定先去考核一下，或者先评估一下你进的圈子，看看你的投入和产出比是否合适。首先进这个圈子，最大的投入产出比是你能跟我和其他老师学到一些知识，能够看到大家真实的反馈，这就是收获。

品牌：有利可图，粉丝量真的那么重要吗?

在我认识的做视频号的圈子里，大家都会下意识地问，你有多少粉丝啊，播放量多少。因为这些是可量化评估的，但是应该换个角度考核账号。我认为数据小于内容，内容小于价值，价值小于变现模式。换句话说，变现最重要。

我看到很多人关注的都是点赞数，或者是评论数，或者你有多少粉丝，其实最需要关注的应该是播放量，播放量代表你的内容是不是被别人看到，而且还能持续地看完，这就是为什么总给大家强调完播率。

基本上我看盟友的视频，都会看个两遍到三遍再去点赞，有可能是我在干家务的时候，有可能是我陪晴天的时候，有可能是我如厕的时候，我会让大家的视频在我脑子里先播两遍到三遍，然后我就想，到底什么东西被我记住了？你的什么内容让我喜欢或者什么东西让我反感，这些内容对观众的价值有多少。

我们都会纠结于数据，就是要看那数据是否有变化，有没有增加粉丝。回想一下张小龙先生为什么说视频号是一个“号”？在我看来，视频号是张“名片”，如果别人不认识你，你原来可能是发一个海报，发一个文档介绍自己，现在可能是发一段视频。我现在跟很多人聊天，他们都会问我，你是做什么的？我都会不经意地说：“我是带娃的，我是讲课的，我是拍视频的。”然后我就直接发视频就加深了他们对我的印象。

大家现在做视频，我就怕是为了做数据而做数据，每天就想着写什么脚本，焦虑拍什么内容，甚至想写什么稿会有高播放量。视频号对我来说最大的价值，第一个是能尝试新的营销方式与个人品牌推广，第二个是记录晴天跟我的生活。我觉得“@晴天讲段子”的内容价值就是记录我和儿子的生活状态，找到更多人共鸣，引来一些品牌方跟我进行产品的合作，我觉得这是晴天的账号的价值，而我自己的账号的价值就是给更多人解决问题，讲课也好，讲观点也好，包括跟大家分享生活经验的时候收到的反馈，我都会录到视频里。

我在做“@金满铮”那个账号，为什么要去说“鸡汤”？第一，我觉得这可以快速地批量出内容；第二，也有很多人愿意听我讲大道理，不光是讲知识，而且这个道理其实只需要15～20秒或者更短就可以讲清楚，那对我来说太简单了。我强调的是大家要考虑账号对于你的价值，你到底在输出什么内容。

变现：有钱可赚，难道你不要吗？

我的视频号对我来说就是干两件事儿，第一个是做新行业或者新领域的营销的探索，一个拓展就是我需要讲更多的课程，我知道新的玩儿法是什么，这是我可以把知识进行实践的一个平台，了解客户怎么去植入产品，这是我要做的。第二个就是这是一个陪跑机制，我要去做内容就要做宣传自己品牌的内容。账号“@金满铮”陪跑“@晴天讲段子”，就意味着有一个好的内容，我需要用另外一个账号去拆解它，因为“@晴天讲段子”做好了，不能自己在自己的账号上去解释。

上面说的也可以理解为账号矩阵。一个账号去解释另外一个账号，那就是两个账号的相互呼应。我觉得我拍视频首先接了一部分广告费，但是我赚钱的模式是通过这些课程把它变现出去，或者通过现在这些内容变成一些知识，解决一些消费者的一些问题。

你的内容为了你后面的变现也好，推广也好，都有价值。大家都在说其实视频号不能马上变现，它就是一个社交名片，只是你过去刷朋友圈，现在刷视频号了，或者你过去发文字图片，现在你需要发视频来影响大家，这个点我非常赞同。

我是一个喜欢讲段子、喜欢做内容的人，虽然晴天的内容不是100%纯原创，但我基本上都会围绕人设、围绕课程、围绕我的客户的产品来创作，我思考问题，做二次加工出成片。毕竟，我比较重视的还是内容部分。

比如说我现在拍一条晴天的片子，第一反应是我要表达的是知识多点，还是鸡汤多点，还是笑料多一点，哪个是我最想要表达的。第二个就是我要想我的内容能不能跟哪个客户的内容结合，如果能结合，那就是加分，如果不能结合，就是简单的一个普通的作品，然后再往下就是这个内容会不会引来更多的客户，引来更多的用户的共鸣。

做内容一定要围绕人设展开，不要让别人觉得你是抄的或是改编的，甚至它根本不属于你的领域。再强调一下，看观众画像，你讲的能不能突破第二层圈。我觉得大家可以把视频号粗略分成两种：社交新名片和赚钱新渠道。有些账号已经开始变现了，为啥我还不能变现？我觉得这就得倒着推，你是把视频号当作你的社交名片，通过这个渠道认识更多的人；还是我就想通过它来卖我的课程，卖我的服务，卖我的咨询或者卖我的某一个业务。运营最重要的一点就是，无论多少新粉丝，多少点赞，都是为了最后一步：变现。

模式：有人卖货，难道不好吗？

做电商需要 24 小时在线的客服，而视频的持续力，可以一直帮你卖货！讲模式之前，先说两个重要的元素，KOC 和 KOL。那 KOC 和 KOL 有区别吗？ KOL 是关键意见领袖，你可以理解为她就是网红，比如说你可以认为她是李雪琴，她是所有的那些明星，但不代表她能帮企业和品牌卖掉产品，她其实只是有影响力，比如说你可以理解为她对某一件事情可能了解比较宽，但不一定具备带货能力。

KOC 指的是关键用户或者关键消费者，比如说他的影响力可以影响身边的人购买。换一个表达，你可以先不去理解李佳琦，其实李佳琦也是从 KOL 变成 KOC 的，最简单的 KOC，其实就是我们身边每一个家长群里面的家长。如果你现在结婚有孩子了，你一定知道很多家长群里面的家长，都会鼓动你去给孩子报某个老师的课，或告诉你谁家的东西好吃，等等，这些有影响力的家长，其实就是 KOC。

KOL 和 KOC 最大的区别就是它能让你的品牌做得更大，但是不一定非有销售转化，可能是接广告。而 KOC 就是每一条内容都是满满的干货，然后你听了就有指向性，比如说我听了就去买谁的书，我听了就去参加一次线下活动，我听了之后就去体验某种服务，或者买一个产品。

第一种，如果你真的专注于影响力，就要把你的内容打磨得足够好，精简你的内容，聚焦好话题，然后再去优化你的台词，让你的每一句台词都成为金句，让你的内容特别好，成为行业里的垂直领袖，未来可以去接培训，也可以去接内容植入，这个其实就要看你的粉丝量和播放量了。

第二种就是 KOC，可能你发的这一条视频就十个人看了，但十个人中有一个人正好是你的潜在客户，这客户正好买了你的课，买了你的咨询，买了你推荐的服务，买了你推荐的产品，那我觉得这条视频有价值，所以，不要太在意粉丝的数量，而要追求粉丝的质量和转化。

还有第三类，做的是 Vlog。说说自己的生活，让自己的内容变得更有意思，别人喜欢就来点赞，当大家真的喜欢你的时候，你再推荐你的服务、你的产品就容易多了。

赚钱：因人而异，赚钱难道都一样吗？

赚钱有很多种，特别是视频号上有很多变现方式，卖课程，卖产品，甚至可以接硬广告和软广告。同样，通过账号可以去做其他你想做的事情，包括链接资源。

赚钱有很多种模式，第一个就是链接资源，找到你想要的精准客户。内容不是那么重要，形式很重要。你的内容有意思，别人才关注，然后你才有机会变现。“@金满铮”是给所有的培训机构看的，这意味着他们一旦看到了，就有可能来找我讲课。因为这个账号基本上都是讲营销知识的，培训机构能快速了解金老师讲课到底有没有干货，有没有意思。

我讲过三场视频号的线下课程，通过B端企业服务培训变现。我还把“@晴天讲段子”的内容做成案例，分析如何破20万播放量的内容，写了几篇相关文章。通过你的视频内容去链接你的客户很重要，所以不必追求内容的完美，完成是第一步，有数据更好。应该通过内容链接客户，连接潜在学员。

第二个，做直销、保险、微商这三个行业的人，也不一定非要把内容做得很专业。视频内容里，你不用告诉别人我的产品很好，你只要让别人喜欢你就好了！这三个行业的人，未来只要把自己的人设打造好，告诉你的粉丝，“我很漂亮，我很好玩儿，我很喜欢运动，我很……”这种方式一旦成了，肯定会有人加你的微信，那就是你的营销机会，这就是一个很好的营销手段。

第三个，是专门做服务的，卖产品的，或者是做其他领域的。我的建议就是一定通过视频号去做引流，每一条可能都要引流，放钩子。前面两个类型的，你可以不引流，就是你可以不用每句话都引导对方加关注。如果他喜欢你一定会来找你，而第三类一定是为了让别人看到你，然后产生合作，所以最好每一条都有一个。这个钩子可以是告诉他们：你可以加我的微信，我给你一个回复，我给你什么样的资料，我能给你解答什么样的问题。

总结一下，第一类，链接新学员展现自己，不用很专业，大家只要看你的朋友圈，就能看到你这些内容，但是你要表达得“有意思”，同时，把你的专业结合在一起最好；第二类，做直销、保险和微商，尽量把你有个性的一面表达出来，然后不用提太多的产品；第三类，无论是做营销的号还是做产品服务的号，只要拿它做推广，我建议每一条都放钩子，让别人能找到你。

在个人交际圈里，可以去做付费的课程。解析你是如何做到的，比如说 10 万的播放量，比如说通过视频号变现，等等。

然后就是带货，因为接广告只是内容植入，不一定能帮品牌方卖货。而最关键的一点，又回到之前说的人设和你的用户上，如果你做的就是一个宝妈账号，一个有趣的老板账号，再或者一个营销讲师的账号，那你要考虑你的账号未来会有什么人看，你到底在什么人身上赚钱，比如说你可以赚学生的钱，学生指的是你的学员，不是上学的学生；你可以挣宝妈的钱，她们可以买你的产品；可以挣企业的钱。

合作：有肉可分，难道不是长远之计吗？

在日更联盟里，每个人都有自己的行业，可能是做职场规划的，也可能是做培训的，也可能是做儿童教育的。为了盟友们的视频号更好地破圈，我建议每一个人考虑跟另外一个朋友进行一对一的互助，跨界重组。比如说你是做 A 行业的，你去群里找一个 B 行业的人，你们相互推荐一些资源，你为他引流，他为你引流，抱团取暖。

异业合作非常重要，紧跟着就是你的内容里能不能 @ 一些朋友的账号，同时在你的话题里设计一些引导大家的内容。比如说，盟友们可以说说金老师是一个什么样的人，他现在的职业规划是什么样，或者说他现在处于一个全职当爸爸的状态，我觉得这样也是一种不错的选择。但是，怎么能在当全职爸爸的过程中还能赚到钱呢，金老师做视频号，我想通过视频号认识他。引一个故事，一个案例，让别人觉得你很有意思，或者你的故事内容很丰富，同时你也帮我宣传了，我也会给你点赞。

比如说我发过鸡架子，我发过拉杆箱，我发过燕窝，我发过海苔，那我发的任何一个内容，是不是也应该让他们品牌的粉丝点赞，或者是让他们主动来帮我转发呢？当然是可以的，你去做内容的时候，要去考虑你服务的那个客户或者平台，让他们组织起来一块儿点赞，我觉得这样能增加更多的功效，扩大传播范围。

我也建议过盟友们看看谁跟谁能组成内容团，就像大家一块儿策划选题，看看是不是都有职场问题这个话题。第二是跨界组团，你可能是江苏人，我可能是黑龙江人，大家来自不同的地区，从事着不同的行业，大家能否一起聊聊北方人过年怎么过？南方人吃东西有什么讲究？春节要不要回家？这样的话题你们可以“跨界”去表达，这就是我想说的，共赢与合作。

关于合作，我要感谢很多儿童培训机构比如篮球课、游泳课、编程课、口才课的老师们对我和晴天账号内容的认可。好的学员就是最好的营销，好的内容就是转介绍的素材。晴天一直很努力地学习各种课程，我们也在为更多好的品牌做“代言”，解决更多妈妈的困扰，也是我和很多机构共同想做的事。

直播：直播带货比较核心的3个点，你知道几个？

我每次提到直播，都很心虚，因为大多数人理解的直播，都是直播带货。我跟很多做电商的朋友聊过，直播有很多你看不到的底层逻辑，也有很多看不明白的平台的取舍。视频号的直播，是我一直没有深入研究过的领域。我不想侃侃而谈，只是问3个核心问题。至于这些答案，我没有，但是如果你有，就知道直播该怎么做了！

第一点，是否能找到靠谱的产品供应链。第二点，主播能否保证直播的频次和时长。第三点，是否有靠谱的运营团队和资金链支持。

有人说李佳琦推荐特别赞，我觉得他的核心就是对产品的深度理解，对用户精准的拿捏，以及最牛的渠道价格，包括整体运营和平台最后的流量支持。我不敢夸下海口说我能做成李佳琦的样子，也不能保证晴天可以。但是我能看透的是，直播带货的第一步就是要有“货”。

你对产品的理解有多深，你对观众的把握就有多大，所以选品成了带货的第一步。拼价格是所有直播间的第一标准，否则用户为什么会在直播间里买？你可以说是为博主买单，也可以说是渠道唯一，但是直播没有人敢说是渠道独大，因为所有的企业都知道“鸡蛋不会放在同一个篮子里”。产品如何提炼卖点，消费者会喜欢什么样的价格，甚至如何组合产品做套餐，都是你要学习的知识。

直播的频次和频率是考核一个主播作战能力的标准，对于我来说，我不想做太多的直播，第一我没有体力和兴趣做，第二就是我的频次过多，会影响我的课程和知识本身的价值。我是做线下和线上培训的，自己的账号不适合讲太多免费的课程，晴天是小朋友，没有更多时间做粉丝互动的直播，带货就更不合适了。

好的直播频次要有固定的时间段，固定的时长，包括优质的脚本。直播最好控制在 1 ~ 2 个小时，如果是纯卖货，你可以做到 3 ~ 5 小时。但是不是全职做直播，要慎重考虑，包括你的带货转化率和身体的投产比。

直播只是一个“点”的动作，要想做好，我们会从线和面考虑问题。比如要有一个相对稳定的团队给你做直播服务，比如上链接，比如选产品，比如演示产品，比如设计脚本，比如设计礼物和优惠券，比如要分享到微信或其他平台引流，比如投入广告。而对于“面”来说，平台在推什么类型的主播，什么产品更容易在这里卖掉，我们必须做好完整的功课，想要成为一名专业的主播，就应该培育各方面能力，如专业能力、语言能力、幽默技巧、反应能力、心理素质等。

培训：如何把视频号经验卖给企业服务与课程？

所有的经验都很难复制，因为成功需要“天时地利人和”。底层逻辑可以反复应用在多个平台和多种渠道里。做视频号的博主，赚钱方式有很多，如果粉丝和影响力足够大，可以带货和广告植入；内容和数据做得有心得，可以靠培训和辅导业务赚钱。

“割韭菜”只是一时的爽，能持续稳定地输出价值，才不会被淘汰。培训是我线下最好的交付方式，讲课的逻辑基本有 4 个组成部分：【Why】为什么，【What】是什么，【How】怎么做，【If so】有什么案例。

对于想学视频号营销、运营，内容制作的人来说，基本上就要问这 4 个问题。

【Why】为什么选择视频号这个平台？全职妈妈适不适合用视频号变现？企业该如何布局视频号营销？电商该如何用视频号做直播？微商的新机会是不是视频号？

【What】视频号和抖音的区别是什么？视频号的优势和机会在哪？视频号的定位和人设该如何确认？

【How】如何注册和搭建一个视频号？如何快速用剪辑软件完成视频制作？如何用以下 10 个技巧来提升视频播放量？揭秘视频号破 10 万播放量的秘密？

【If so】拆解10个搞笑段子账号的运营技巧；“@晴天讲段子”账号的10个操作失误；企业视频号冷启动的5个基础操作。

做课程，一定要包含4个板块，并要根据受众调整板块出现的先后顺序。有些目的性强的学员，就想听案例和操作方法。但是也有些企业负责人想知道方向和底层逻辑。所以每一种讲述方法，都要根据实际的内容来调整，你也可以把自己对视频号的认知和经验，总结为做内容、写文章、出新书、卖课程。

很多企业都在尝试开启自己的视频号，视频号有别于公众号和小程序，甚至微博。视频号有很多玩法与微博相似，比如可以在发布内容时候，主动@大账号，微信官方账号，比如@微信时刻（类似抖音小助手）。企业这么多，意味着有更多的培训机会。

第五章 个人篇

规律：演变有规律

如果说微信是飞信或者短信演变而来的，朋友圈是微博演变而来的，那么视频号就是由公众号演变而来的。所以微信的对手不是QQ，朋友圈的对手不是QQ空间，视频号的对手更不是微视——腾讯的另一款短视频APP，同样也不是抖音和快手。视频号平台运营的底层逻辑是人与人之间的关系。

先吐槽一下自己吧，我上学的时候特别不喜欢看历史，也不喜欢看书，同样也不喜欢鸡汤，我觉得鸡汤都是骗人的，但是我现在发现这些都很重要，都是在告诉你做事的道理，所以看书其实是解决很多问题的最简单的办法。

金满铮在广州给国内某知名护肤品企业短视频课程内训

介绍一下我自己的从业经历。我从 2010 年就开始接触互联网，开始成为一个互联网的服务商，最早在广告公司上班，二十七八岁进入这个行业，岁数不算小了，但是对很多事情都没有认知。当年最流行的是论坛 BBS，可是我不太懂，我就向我的领导、同事学习，反正我当时就是一个特别土特别外行的人。

但是我慢慢发现，其实互联网公司有很多的做法是相同的，比如它们都是通过广告去赚钱，通过流量去赚钱，通过做内容去赚钱，通过服务用户去赚钱，这一下把我在传统企业里形成的一些认知完全颠覆了。我突然意识到原来可以这么做，不用做产品，或者说产品不是那么重要，用户很重要。于是我后来进入新浪、搜狗、京东平台，然后在这一路上认识了很多互联网公司的人。

但是他们只是给你说一些片段的故事，我的微信有很多这样的人，他们都会告诉你，他们的公司很牛，他们现在的行业很牛，短视频很牛，搜索引擎很牛，电商很牛。其实你可以回顾一下，他们牛的时候一定有相应的规律，或者他们一定有相应的一些技巧和套路，或者你也可以看看他们的底层逻辑是什么。

我觉得在论坛里大家看的是大量的文章，谁的内容有意思，我就会跟谁盖楼，或者做线下活动。所以当时我觉得内容为王，写内容是很重要的，这是我对于论坛时代的思考。

后来我进入微博，发现原来大家都喜欢分享，喜欢分享生活中的点点滴滴，吃的、用的、玩儿的，我想图片和文字的时代到了。后来紧跟着微信朋友圈来了，其实这还是文字和图片的时代的延续。

但是中间我又跳到了另外的一个行业，当年去搜狗上班，我才知道什么叫搜索引擎营销，什么叫搜索优化，包括怎么去投放广告，怎么买关键词，每天的投放量是多少。那时候其实大家要的是结果。

比如说每一个商家投放搜索引擎，要的是销售结果好，或者可以把它叫作信息流的结果。那个时候我发现大家要的真的是结果，不再是曝光，或者不再是活动和创意了，已经转型了。所以在论坛时代我们看的是内容；在微博时代，我们看得更多的是曝光量；在搜索引擎时代我看的是销售结果或者检索出的结果。但最后我还是来到了电商平台。

电商平台的变化很大，我们过去叫货架平台，现在叫内容平台。我要的结果，可能是从搜索引擎得来的，也可能是微博上的一些曝光的内容，但我要的一定是我搜索的结果，而且通过结果我去排名或是投广告，而最厉害的就是结果的转化率。之前说的四个领域，有的重内容，有的重曝光，有的重搜索结果，有的重销售转化，这四个标准真的不一样。

回到视频号来说，我觉得这四个阶段我们都要经历第一个，就是你要做好内容。第二就是要增加曝光，你要让别人看到。那接下来怎么检索呢？比如说你的名字，还有你的平台，这都是要被检索的，这直接关系到最后我们要不要直播带货，要不要内容带货，要不要广告植入带货。上面说的这些都是我们做视频号之前要考虑的。

很多人已经开始玩直播了，它其实不同于微博，也不同于百度贴吧，它就是一个展示加结果的平台，视频号其实是个载体，意味着还是需要大家来做内容，而不是腾讯来引导做内容。

这跟抖音是完全相反的，抖音其实是引导用户做内容，比如说一首歌火了，大家都会去做。但视频号一定不是这样，视频号一定是以每一个人为中心去做内容，而抖音是围绕一个大的主题，大家一块儿做内容。所以借鉴别人的原创作品这事儿呢，我也在研究，就是它如果放在你的人设上，做在你的账号上是没问题的，但是为什么你说这个不会火？其实原因可能主要在抖音和视频号的区别上，视频号想把每个人放大，而抖音是希望把平台的优质账号放大。

职场的演变，其实就是互联网的演变，我的演变是跟互联网的成长同步的。从论坛到媒体门户到搜索引擎到电商这四个领域，我都经历过了。所以我觉得我看一些东西时，即便不能说有前瞻性，但我觉得我至少能摸出其中的规律了。所以这是前面我为什么不愿意看鸡汤，不愿意看书或不愿看历史的原因，其实现在遇到的问题，答案都已经在这里面出现了。我现在特别喜欢听别人说历史，说几百年前的什么时候发生过什么，我觉得这就是循环，在我看来，现在的视频号就是几年前的公众号的一个新循环。

观察：观察有方法

我是一个特别爱观察的人，我观察生活中的每一个细节，包括孩子的表情，客户的表情，包括产品的变化，用户的使用状态。我觉得我是一个特别爱看别人的人，我会从别人的变化里总结一些经验。

观察有很多个方面，比如说你看慢慢长大的孩子有没有变化，可以从他的表情，从他的穿着习惯，从他的语言，通过他现在和你交流的方式等很多角度观察。我觉得如果你能观察好你身边的人，那你就知道他们会喜欢什么内容。我不知道你是不是一个爱观察的人，反正我是，我会观察我太太是否变胖了，是否穿着发生了变化，是否从长头发变短头发了。我还会去观察别人细微的表情，观察我儿子喜欢玩什么，用什么，甚至观察别人在发消息的时候喜欢用文字还是语音。

其实在观察之前，很重要的是要有好奇心，我觉得大家对做视频号的好奇或者是新鲜的感觉，可能快被我这个“日更（日坑）联盟”给磨灭了。

可能很多人更了一段时间，发现没有内容了，也发不出来了，所以觉得很痛苦。我每天都会遇到这种情况，这时我会干一件事儿——刷抖音。我每天都会刷到一些奇奇怪怪的内容，因为我关注的账号不同。

最搞笑的是我经常会嘴上提一件事儿，想一件事儿，之后就在视频号里遇到了，或者在抖音里遇到了。比如说某天我声音突然沙哑了，说不出话来了，我正好就刷到了一个北京的大哥在介绍吃饭应该注意忌口，我觉得像这样的内容可以直接应用到我的视频中。你说这是观察也好，生活也好，或者说这是偷懒也好，只要注意这些细节，你都可以把它用到你的内容里。

我在观察大家的变化，可能大家也在观察我的变化。我不知道大家有没有发现自己的视频已经有突破了，比如说我之前看到很多人都是靠声音直播，现在已经开始真人出镜了。

你能不能把别人好的部分用到你的内容里，这很重要。而我的好奇心就导致我经常会看很多网站，看到很多人的观点，然后把它用到我的内容上。比如说当我发现大家都比较流行看抖音，看视频号，看快手，大家喜欢看的不再是 70 后、80 后，而是 90 后、00 后喜欢的内容，那我就调整一下风格。我认为，推动人去观察的一定是好奇心和驱动力，所以，怎么找到你自己的好奇心呢？

我师父曾经告诉我一件特别有意思的事情，与各位分享一下。如果你要参加一次团建或聚会，领导让你给大家准备点儿礼物，买什么东西呢？你可能第一时间考虑的是大家喜欢什么，然后会想你可能会喜欢什么，但是那个领导说了一个特别好的建议，你就拿着 100 元钱去一个高级点的超市，买一个你曾经根本就不关注的产品，或者是里面边边角角的产品，这可能就是你给大家找到的特别新奇的礼物。

简单地说，好奇心就是去找你平时不关注的盲点或者“盲区”，什么是“盲区”呢？就比如说你天天都关注美女帅哥，突然看到一个与运动相关的视频，你会觉得“不一样！”你每天都在关注理财，关注亲子，突然来个美食，你会觉得特别不一样。

你的内容要做得少见，它是别人看不到的，没见过的，然后你把它表现到极致，这些都要看你在生活中有没有学会观察。我现在每天拍的内容里面有一部分是围绕晴天的，有一部分是围绕我自己的变化，同时我也在看别人的变化是什么。

新媒体营销的玩法对我来说非常重要，你想一想，你不是很好看，那谁是好看的？你没有比别人厉害，那谁比你厉害？什么东西能让你持续关注？我不知道你们每天的状态怎样，我每天第一件事儿就是打开手机赶紧发我的视频号，让别人看到转发。所以我每天干的事情就是产生比较，产生“好看”，产生“让我的用户上瘾”。所以你一定要问自己，你的观察点也好，你出发的初心也好，你观察的内容也好，是否跟别人的角度不同。

其实发现问题的时候，一定要试试能不能再往下问几个问题，连续问，连续观察，连续找答案，刨根问底儿想，对于有些问题你又连续问了三个问题，你的答案就出来了。

比如有人说你的内容品质不高，说这背景太乱不好看，也有人说语速 1.3 倍可能快，这就是别人对你的观察。那你有没有观察别人的语速是多少呢？别人用方言了你没用，别人使用了夸张的手段，你说你没有，你不会，那么当你遇到各种“不会”的时候，你该怎么办呢？

心得：直播有窍门

我直播的经验，应该倒推到五年前。我们当时帮很多电商客户用直播为众筹引流。做直播就一个目的，让客户看到我们的产品，所以直播间基本上都在卖产品，说产品的优点。但那时候我有一个不一样的感受，后来我把它变成我的课，我认为直播最重要的应该是“聊天”。

首先说一个我的感受，就是直播间 PK 的不一定是产品本身，也不一定是价格，拼的可能是“供应链”。很多做电商的人告诉我说，其实无论你是“薇娅”还是“李佳琦”，还是任何一位明星，都只能带来明星的光环，真正能带来好的销量的播主，基本上他对产品首先有非常深刻的认知，其次他能拿到足够低的价格，这样他才有可能在直播间把产品卖爆。

在我看来，直播间分了很多种，原来最早的一批映客、花椒直播平台，可能看的都是小哥哥小姐姐的才艺表演，后来又出现了电商直播，我做过两三场，有京东，还做过一次淘宝，淘宝那次是陪一个网友，应该说她是个网红，叫北小诗。她在给某个护肤品品牌当代言人，当时我们一起直播。

她一直在淘宝直播，其实她播得还不错，她是一个护士，直播卖护肤品。可是没想到，我当了一把主播，观众都在讨论我的长相，没什么人讨论产品。然后我特意把直播间的截图留下了，我记得当天发朋友圈，很多人说哟，金老师，你都开始做直播了，我说我这是帮朋友去做个策划。

后来又发展到短视频平台的直播，其实就是抖音、快手，包括现在的视频号。在我看来，短视频平台的直播其实又分了两类，基本大家都了解，一个就是娱乐类的直播，为了打赏而表演、才艺展示、观众互动。第二种是在直播间卖货，比如一些有名气的人，每次在抖音上直播卖货，都是粉丝来为他买单。现在在视频号平台上，我们的群里面有几位朋友也已经开始做直播了。在我看来直播有三个目的。

第一个目的就是卖货，要不我干吗开直播呢？很多人都说短视频可以复利，你今天看，明天看，后天还能看，你今天给他看，明天别人还能过来看，所以一个视频能给你产生多次价值。而直播就是那十个小时、五个小时、三个小时四十分钟等，所以它不能复利。除非像线上培训这种，能复盘的可以看两遍，一般直播都不能回看，那其实就是一次性投入，但还是要拿出很多的精力挑选产品，然后还需要找嘉宾互动等，尽可能地把货卖出去，收取回报。

第二个目的就是活跃粉丝，可能很多人都想看晴天真实的样子，他到底是不是那么爱吃，他到底说话是不是这么利索；他们也想看金老师是不是真的有想法，他的段子是不是抄来的，他的营销理念是不是自己写的，书是不是自己编的，是不是真的这样有本事。认识我的人都知道，我本人确实能讲，但如果一个陌生人看到了视频，就觉得你是不是背的稿子，特别像晴天，很多人都说晴天怎么能背这么多台词，其实内容真的不是背下来的，就是你一句我一句这样录下来的。

第三个目的就是沉淀品牌，告诉别人你还“活着”，有人说有些网红过气了，他们基本上做不出新内容来了，或者说他们的内容不被主流用户喜欢了。我为什么会一直在做内容？我就是要让别人知道，我不仅会做电商，还会持续做内容，比如说做众筹，做线下培训，包括现在开始尝试做的短视频，其他的种种内容合作等，还有直播。这些都是在告诉别人我还“活着”，我很厉害。

总结一下，直播的三个目的就是卖产品，活跃粉丝和沉淀品牌，你看看你要做直播，你的目的是什么？如果你是为了卖货，那你真的要准备好，你的产品比别的平台比别的直播间是否更有价值更有优势。第二，你卖产品的时候你要真的了解产品，不能别人一问什么都答不上来，那就不行。所以基本上我们都要特别了解产品，而且你可能是产品的使用者，因为只有真的使用了，了解了，才能把一个东西说清楚。

再说一说电商平台上的直播和短视频平台直播的两大区别。电商平台直播就是我有目的性地去买产品，只是看你今天的价格够不够低，是不是突然上架我就能抢到，或者我可能就是为了买某种产品而来的。而抖音也好，快手也好，你会知道别人是为了娱乐而来的，是不经意间扫到了你的直播间，他进来可能是因为你表达的是她喜欢的，或者是你的长相被他喜欢，或者你的话题被他喜欢，或者你介绍的这个产品，他可能感兴趣，他可能停留一会儿，但接下来就是你能不能用你的本事把他留住，可以是凭长相，也可以是凭你自己的说话风格，总之要把别人留住，这很重要。

说说我做直播的情况，我之前播的是比较擅长或者说得比较多的内容，后来是因为有培训，所以我更多直播培训内容。我也做过产品的直播，但这都是为了品牌，都是以服务商的身份做的。我并不是人家品牌的员工，我是人家雇来的人，帮他们去做事情的人。最后，我说一说我对直播的几个关注点，我总结了六个。

第一个是直播时段，你是白天播、中午播、下午播，还是晚上播、深夜播。时段很重要，看你的时段是在什么时候，是白天还是晚上，要根据这个设计你的内容。

第二个是直播时长，你要考虑一下你到底播多长时间，你是播一个小时还是两个小时、三个小时甚至更久。有些人播两个小时就很累了，比如我。

那一个小时、两个小时、三个小时或者是更多，有没有区别呢？我的答案是有。所以你要根据你直播的内容去做比例划分，看你的直播类型，是分享类，还是活动类，还是解答类，还是卖产品类，你要确认自己的定位。

第三个是直播内容，如果是分享，分享一个知识也好，分享一个产品也好，说说自己的感受。如果是活动，比如要帮一个企业做线下沙龙，或者做一个产品的发布会，各种的活动有各个参与环节，所以我的答案就是，比如说我上课，我来解答问题就是卖产品，你看你要做什么样的内容，内容的饱和度自然就会有所区分。

第四个是直播环节，就是你考虑一下在直播过程中，要不要准备一些小的惊喜，比如要不要送礼物。我在直播的时候经常会告诉大家整点去看直播有礼物送，比如说八点直播，八点半我送一波课程，九点我送一本书，九点半我送一个套装组合。卖产品，你要告诉他，快点到直播间里面，快点到我的直播间里看产品，因为现在买产品打折，就是你要促销。然后就是你要不要告诉他“关注主播不迷路”“主播带你上高速”，这也是一个问题。最后就是要不要连线，有些平台是可以连线的，那你就可以跟他去互动，让他看到你跟别的品牌的合作也好，跟别的明星合作也好，这个是比较重要的。

第五个是直播的受众，你要考虑谁来听你这次的直播，很多时候我们都会在视频上做一个预约，我也预约过一些人的直播。我是以什么身份去看直播呢？我是一个创业者，我还是一个同行业的从业者，我还是一个普通的用户，或者我是某个博主的粉丝。所以你要看你的身份是什么，同时你要预估一下人数，你是 500 个人的场面，还是 2000 人的场面。比如我在一个新兴平台上课，我预估是三四十人，但结果来了一百人左右，这样大家听起来就会比较有互动感，可能跟你交流就比较多。

第六个是直播的设备，我曾经用过的设备首先是提词器，或者有个大屏放在你的面前，提醒你要讲什么。特别是我培训的时候有 PPT 的话，那可能会用到两到三部手机，一部直接架在你的对面，作为你的讲课画面采集区，还有一个控场的手机。控场就是什么时候去截图，什么时候发礼物，什么时候上链接，这个很重要，甚至你自己也要手拿一部手机看弹幕或者看回复。

直播的时候，还有一个常见的问题就是直播的手机到底是用前置摄像头还是后置摄像头。我觉得新手还是用后置摄像头比较好，因为你用后置摄像头就意味着你不用老看屏幕，你可以手上拿一台手机去看。有经验的人最好用前置摄像头，这是我个人的看法，可能大家看法不一样。有人可能认为越有经验，越要使用后置，在我看来，越是新手越看后置，因为你只看手机，这样的话你的眼神就不是飘的，不是斜的。假如主播一直在看屏幕，就意味着他的眼睛是要往下或者往上移动，因为摄像头是在一个位置，但是屏幕是整体的。所以我基本上只看摄像头，与摄像头对视能让你的眼神比较专注和有神。

文章：破播有心得

我为什么这么推崇视频号，因为我发现视频号是新风口，特别适合做直销、微商、保险、传统企业加盟品牌的朋友使用，因为它的逻辑是关系社交，而不是抖音的内容社交。

作为一个普通的主播，视频号能破 10 万播放量，肯定有一些技巧和背后的原因，我总结为以下六个方面，供你参考。

第一，使用“冷启动”，懂得关系社交的核心。

“冷启动”是在视频号运营完全没有准备规划的时候，直接通过微信功能里的信息群发功能，轰炸式地发布通知信息。不过目前不能直接发视频号的链接。

你会说这样的操作很老套，也招人反感，甚至会被拉黑，但是我想表达一个观点，也希望你能从另一个角度考虑这个问题。

既然做视频号，就要学会推广逻辑。做好推广就要学会利用工具和规则。简单地说，做社交媒体营销和推广，要坚持两个大原则。

A：“于谦大爷的爱好原则”

B：“金点子破圈基础原则”

“于谦大爷的爱好原则”，翻译一下就是，你的视频号内容必须遵守“好看 + 可比较 + 持续上瘾”的原则。

拿晴天的视频号来说，“好看”就是要求我们的每一条段子都有笑点和梗，既要符合人设的内容，还要持续让大家能互动；“可比较”就是我在选择题材和画面表达的时候，要比别人的账号更用心；“持续上瘾”需要我们保持更新频率与话题的连续性，至少让大家觉得我们的内容是值得追的，一天不看就想得慌。

我6年前做朋友圈营销课程的时候，对社交电商有一些偏见。但是我发现如果你真的想做成一件事，就要放下面子，放下顾虑，把更多的信息和产品，推荐给对的人和渠道。

我的微信“群发”招来很多人的反感，但是最终我都能很好地化解误会与尴尬。在运营视频号的初期，我们必须利用好自己的朋友圈人脉来拓展第一轮，进行破圈。

破圈也需要技巧，或许还有彩蛋的收获。我前面说你要放下面子，懂得“不要脸”，很多事情你可以站在对方的视角考虑一下。如果我现在发布的是学习的视频，可能很多人都会感觉无用，毕竟学习不是每个人的刚需，但是娱乐确实能让每个人生活变得开心一些。

切记，我在交流过程中，并没有直接发视频号的二维码，也没有发链接，而是说：“谢谢你，帮我给朋友圈里的那个视频点点赞！”

当我已经成功交流之后，就开始深挖大家的需求点，在聊视频号的前提下，继续跟好友们对接资源，帮别人解决营销问题，甚至可以闲聊看看彼此的近况。

在第一轮沟通和获得点赞后，就可以筛选出愿意深度了解或者想学习视频号的朋友，然后我会再去推我的知识号——“金点子”。这就是我之前讲过的，先推引流款“娱乐账号”，再推爆款“知识账号”。

锁住粉丝，就能通过内容持续运营账号。锁住粉丝的最好法宝，应该是好的内容，但是除了内容以外，也要学会利用好你手中的资源和工具。我有很多的视频号的学习材料，我可以持续提供给粉丝们，供大家了解与学习。同时我也可以建立微信群，来保持账号的正常运行和维护。

第二，好的故事可以再讲一次。

我听很多人说过原创和洗稿问题。我很赞同内容原创，但是原创的成功率确实不如直接“搬运”成熟的作品来得快。我是一个讨厌直接“搬运”别人内容的人，但是脱口秀大会上某人也说了，一个好的脱口秀演员能养活6个娱乐视频博主。

因此，在我们没有成功之前，可以尝试学习别人的素材与表达，但是一定要通过自己的人设进行二次加工和演绎，说不定我们的内容更容易爆。最关键的一点，你要知道你视频号里的粉丝更喜欢和接受什么样的内容。

比如有一个段子说：“如何表扬妈妈，孩子回答，妈妈像鲜花，妈妈像天鹅，妈妈像白菜。”如果你第一时间懂了就知道，妈妈像白菜是有点偏成人色彩的内容，不适合让6岁的小朋友说，于是我就要换一个“底”。

学习到了吗？就是哆啦A梦的套路，一共四步：

先提问题

再给答案

给出反转

设置彩蛋

第三，条条赛道通爆款，就看你会不会选！

目前视频号里的赛道主要是创业类，经验分享类，鸡汤类，新闻类，搞笑类，甚至也出现了音乐类，影视剧类视频。未来的视频号开放了 1G 的素材，可能就会有更多高清长视频的加入，那内容就更丰富了。

我的建议，做内容一定要选一个自己擅长的，但不一定是最热门的分类。你可以选择美食、健身、亲子、旅行、摄影、动漫、游戏等。我现在选择的就是亲子娱乐类与知识分享类。我的亲子娱乐视频偏重于真人出镜的搞笑加“十万个为什么”。知识分享类视频，我聚焦于视频号制作与营销段子。我也希望得到大家更好的反馈，一步步优化我的内容。

这次晴天的“10W+”内容，简单地从内容上进行一下分析可以罗列出以下几个方面。

①内容市场很小，提高完播率。

②以提问的形式，增加大家的思考。

③包含了亲子互动关系，有趣。

④隐喻了夫妻之间的关系，怕老婆。

⑤背景音乐 + 动画效果 + 音效配合。

第四，真人出镜是观赏度最高的表达方式。

不论是抖音、快手还是视频号，真人出镜一定是加分项。真人表演除了对口型，就是自己的真实的演绎，因为晴天自身的搞笑特质，再加上剧本的选择，外加他个人的发挥，可以把一个作品完成得很好，很完整。至于每个观众的审美和认知，大部分还是取决于关系社交的基础。这里还是要感谢大家对我的认可，才会有晴天账号这么好的播放量数据。

个人建议，如果是成年人，可以选择具有美化功能的拍摄APP，这样有助于画面的表达，提升观赏度。有很多品牌的手机自带的拍摄功能还是需要APP来使用，否则也达不到相应的效果。最后一点，就是建议大家可以适当地在剪辑过程中，选择更亮，更有品位的滤镜。

第五，画面效果是加分项，多去听流行的背景音乐。

在做效果方面，我还是一个小学生水平。提升这个技能最好的办法就是多去看，多去听。背景音乐是最好的自传播利器，贴纸是让观众观看的时候，更轻松更开心的小法宝。这里还是推荐大家用剪映APP，简单易上手，有很多小技巧，也欢迎来我的学习群交流。

第六，“幸运女神 + 持续输出 + 平台认可”。

坚持不一定有结果，但是不坚持一定没结果。我这个破播放量的结果，一定先要感谢朋友们的点赞，再加上我将近半年对视频制作的摸索与提升，以及平台的算法与认可。三者形成合力内容才被送上了热门。

第六章 日记篇

视频号陪跑营日记

2022 年 5 月 30 日【陪跑日记第一天】

今天是预热跑，我给陪跑营的几个营员打了一圈电话。晴天问我今天爸爸怎么这么多电话，我说我要开一个视频号陪跑营，会有很多叔叔阿姨跟爸爸一起玩视频号，所以要给他们电话，聊聊他们的困惑。晴天追问道：“他们会有什么问题呢？”

对啊？他们有什么问题呢？我发现有句话真的是真理：“你的常识，可能是别人的知识。”虽然还没有正式跑，但是大家的基础和问题还真是天差地别的。

我先说说大家都会遇到的第一个问题：“不知道拍什么。”是的，很多人还没开始做，但对短视频抱有希望，即使不能在抖音上爆火，视频号上玩玩还是可以的。可是大多数学员都遇到了不知道拍什么的问题。有人想把自己的产品或者服务拍一遍，也有的像发朋友圈一样，记录下了自己的工作和生活。感觉像是抖音的广告语：“抖音，记录美好生活。”

其实“拍什么内容”重要也不重要。大家不妨听听我的心得。

你是谁并不重要，重要的是别人认为你是谁。所以虽然内容和展现形式很重要，但更重要的是别人想看什么内容。说说我吧，我是讲营销的自由讲师，如果我每天都给你讲营销，你的耳朵会不会听出茧子呢？我分析过我朋友圈里的人，老板多，做电商的多，做文案策划的多，做品牌的多，做直销的多，做互联网的多，做亲子教育的多，做传统培训的多。你会问，那干什么的少呢？政府机关的少，事业单位的少，国企的少，做传统行业的少，包括做金融的少，做投资的少，做农业的少。

好了，这么多人里，能持续关注我的，大多数都是职场妈妈，并且里面不乏有一些老板级别的妈妈。于是我选择了她们更想听的话题。有人知道我是晒娃狂魔，我每一条关于儿子的微信朋友圈动态都很受观众喜欢。大家就想看我儿子穿啥，吃啥，用啥，这也可以从侧面了解我的近况和我的经济实力等。

我用"@晴天讲段子"的账号疯狂地"晒娃"，但是您发现了吗？我没有在视频号里录儿子上的是什么网课，儿子是怎么唱歌跳舞的，儿子平时是怎么读书看报的，儿子平时是怎么考试学习的，而是让他讲笑话给大家听。

没想到我儿子的出现，给我的视频拉了不少流量，也推上了几个小热门。于是我坚定做亲子搞笑的类型，一做就是 3 年。晴天的出现很好地稳住了我的粉丝质量，也增加了新的陌生人关注。

第二个问题，你的观众是谁，他们又想看什么呢？

我其实很早就用我的知识体系，帮助很多企业做了爆款产品，但是做爆款之前一定要理解什么是人群画像。它对于视频来说，就是对观众的描述。

不论你做什么行业，要是能明确、锁定你未来的观众，那产出内容就会事半功倍。你也可以试试画你的观众画像。从性别、年龄、城市、消费水平、个性标签开始。比较巧的是，我的营里有两个做亲子教育的朋友。她们的受众也是妈妈，妈妈的消费力那真是杠杠的，她们一个做户外活动，一个做亲子教育。我就给她们说了很多家长的焦虑，比如怎么辅导孩子写作业，比如男孩玩游戏机哭了怎么办，再比如孩子户外玩耍如何选服装和防晒品。请问这些内容是不是家长都比较关心的？这是不是可以做视频带货的内容呢？我不说，你自己品！

第三个问题，培训行业怎么办？

培训和咨询行业是不是做视频号只能拍老师照片、培训视频，还有课程介绍海报呢？陪跑营里有两位是做培训行业的朋友。其中有一个资深做培训的帅哥营员，给了一个特别好的视频选题——拍女老板的汽车后备箱。是不是很特别？是不是很博眼球？那接下来是不是就可以拍女老板背什么包，包里放什么？女老板的办公桌里放什么？等等。你会问我，拍这个有什么用？我的回答是，我能拍到那么多老板，你是不是就能从侧面了解到，这个帅哥有很多老板资源？后面的事情，我还用说吗？

陪跑营里有一个营员特别有意思，她想借用经典电影里的对白，来分析人物之间的爱恨情仇，包括如何处理感情，或者人际关系，等等。我觉得大家的脑洞都比我大，而且创意比我好。但是能不能成为爆款视频，能不能博取流量，我觉得还要看头部账号是不是也这么做过。

2022 年 5 月 31 日【陪跑日记第二天】

明天就要正式跑了，但还有几个营员没和我沟通过，你猜我着急吗？我的答案是不着急。因为别人花钱都不着急，我赚钱的着什么急呢？不过我还是挺为大家操心的，毕竟拿了别人的手短，吃了别人的嘴短。

时间到了中午 1 点，我开始跟我的一个老学员聊启动的事儿。她是做职场规划的小西老师。说实话，小西老师可不算是新手，毕竟从我办视频号“日更联盟”的时候，她就是最早的一批玩家。而且我也偷偷问过她，她确实已经通过视频号变现了，而且还在努力出自己的课程，继续做服务，视频号也在继续做。你说这样的人还会有卡点吗?

嗯，答案是真有，也是普遍的问题，就是总觉得别人很优秀，自己什么也不是。说到这里，我必须说一个人，她是张老师。说到张老师就必须提一个公司，叫博商。可能你完全不知道这个人和这个公司，但是在我的圈子里，她们5月份已经被刷屏了。如果你还不知道她是谁，可以在短视频平台上搜搜看。一个讲商业的女讲师。

我录了一个视频解释我对这个现象的理解。我还是那句话，不捧不骂，所有事情和人，都是存在即合理。

说了那么多网红讲师，其实是在给小西老师解个扣。她觉得自己的内容不如网红讲师，但是我反问她，网红讲师的出现到底会不会影响她的作品和播放量呢?后来我追问过她，“网红讲师的视频那么好，你到底记住了什么?”她的回答果然不出我所料。

小西老师记住的都是网红讲师的段子。对，往好听了说是“观点”。这些可能不是营销观点，而是迎合短视频平台上的那些快餐文化的“观点”。换言之就是听了很激动，但是想了想跟自己没什么关系，想用也用不上的信息。是的，我没有批评她说得不好，只是她的打法就是正确的抖音逻辑：说的不一定是行业里的知识，但是符合大众的泛娱乐和泛知识的“干货”。

打个比方，如果网红讲师讲数学乘法的应用和数学乘法口诀，你觉得你会对哪个选题更有兴趣?我猜大多数人都喜欢听应用，这个比较实在，而且乘法口诀哪里都能找到，没必要听一个讲师去讲这么基础的内容，因此讲基础的流量还是少。所以说，我赞同她的做法，毕竟我也是用这种套路才把晴天“捧红”的。

小西老师问我，在张老师这样的顶级流量面前，我们该怎么办呢？我的答案是，有了新流量代表，我们模仿学习即可。她说讲任正非创业的故事，那我就推荐小西老师讲，任正非怎么给孩子报大学，或者怎么处理员工关系。

谁说张老师说了的话题，我们就不能从另一个角度寻找一下别的内容呢？说实在话，张老师的火对她的影响不大，对我的影响会有一些。毕竟我在讲营销的路上又多了一个对手。可是我觉得，这个有可比性吗？这个有必要焦虑吗？人家吃肉，我就不能吃水果吗？为什么非要跟她去比呢？

接下来说说下午的第二个电话沟通。这个营员从事的行业和她所做内容是我非常期待合作的，她做的是儿童服装，而她的优势是学校的校服。你听了有什么感觉？是不是满眼都飘着一句话：“妈妈的钱包，我们的命根子。”

关于这个账号未来的发展，我只是说几个关键词：儿童，校服，妈妈，东北地区，搞笑，亲子。是不是听了之后，就想着，带货，收钱，翻番！这个领域未来好不好我不好说，但是“@晴天讲段子”，一定会跟这个账号深度合作，欢迎密切关注。

2022 年 6 月 01 日【陪跑日记第三天】

今天是陪跑的第一天，我收到了几个营员的视频作品，我很开心。我也一一看完，挑选了一些转到我的朋友圈。同时我也开了两场直播，跟大家聊聊感受。

我为什么不建群呢？说实话，作陪跑营这个事，我跟很多身边的人都交流过，初衷就是不让大家难堪，也不让我难做。都在一个群里，你的经验和你的能力，凭什么要被大家点评或者偷窥。里面甚至有人会觉得，就这个水平还玩视频？其实话说回来，我也不是做视频的高手，但是我是个资深玩家，我希望能通过短视频给大家带来价值，变现也好，推广也好，甚至链接资源都是ok的。

如果大家在一个群里，就会增加运营成本，我也会多一个群运营负担。最关键的是我要不要靠这个事情赚钱呢？我说过，我不想做社群运营，费时费力费人脉。不吐槽了，说说收获吧。

第一件事，做视频号的初心是什么？

我的初心就是测试新的短视频平台，记录我和儿子的成长变化。我的成长是营销的知识输出，儿子的变化是生活中各种片段。可是万万没想到，晴天的视频号破圈了，从单条作品一万的播放量，一直到二百万的播放量。那我还能说什么呢？坚持做就对了。毕竟儿子“教育”我说：“爸爸，一定要懂得坚持，因为只有坚持才不会辜负别人对您的支持！”

晴天说的是不是很鸡汤？但是我很受用，我也为此坚持做了3年视频号。我现在的初心还是以很好的心态去做内容，保持晴天的内容有意思，也有意义，剔除一些糟粕的东西，加入一些我们的元素。你说抄袭我不反驳，你说原创，我也会很开心。毕竟初心不变，内容才会走得更远。

第二件事，流量去哪儿了？

我最近的视频号播放量真是跌入了谷底。到底是为什么呢？是不是我们的作品太模式化了，没有新意了？还是我每天这么频繁发视频，发朋友圈，大家都屏蔽我了呢？还是因为最近视频号在改版或者流量的推荐机制在调整？可能都不对，直到跟我们的一个营员聊完了才发现，大家的流量普遍都趋于下滑状态。

到底是哪里出了问题？我们都在猜测一个原因，那就是……

付费功能来了！

对，付费推广自己的作品已经有一段时间了。我之前没有太在意，毕竟我不想投入更多的广告费。但是随之而来的问题就是，同样的内容，会不会谁付费谁就会向前靠，谁不付费，平台就没那么多流量扶持呢？我猜每个平台都是在为盈利做事，我也很赞同这个举措。我就是一个白丁，做内容就是这么简单和直接。难道没有流量，我就不做了吗？是不是也会考虑被迫投广告呢？

这一系列问题其实也困扰了我一段时间，但是后来我想明白了，用我的追问法解决了。连续问自己三个问题：第一，我要不要只看重播放量一个参数呢？第二，我要不要因为没有更多的自然流量就不做了呢？第三，我做视频号是不是就是为了火和出名，甚至带货直播呢？

其实答案很明显，每个答案都是——不需要。所以我没有那么紧张和焦虑，数据不好没关系，我把价值做到最大化。通过短视频给痛苦的人带来欢笑，给需要的人带来知识和打开认知，给在找我的人一个链接接口，这就够了。

如果你的账号播放量也下去了，你是不是也会焦虑呢？

第三件事，陪跑营到底干点什么？

我说了每天要坚持直播，如果不能做到一天三播，我也能保持住一天一播。而且最重要的是，我的直播可以回看，你错过了任何一次都没关系，只要有兴趣有意愿，你都可以踏踏实实地回看。在我的直播间，我不讲太多的知识点，我会讲方法和观点。哪怕只有一句话能缓解你现在的焦虑，我的直播就没白做。

同样，我的陪跑营的费用，就像你的 QQ 音乐会员。充值了，你就要用。你有没有见过，QQ 音乐主动对你说：“老板，您该听歌了，您不用，会员就要续费了！”我的陪跑计划，都是在你需要我的时候出现，并且靠谱地给你一个建议或者解决方案。如果你觉得必须有人督促你听歌，督促你做视频号，那真的抱歉，这个想法太反人性了，我做不到，别人也做不到！

所以说，每一个陪跑的营员，我希望你能时不时来找我聊聊天，我发朋友圈，发视频号的时候，给我点点赞，留留言。你肯定能有收获。我说过，世界上没有不可能的，只有不知道的，对吗？

2022年6月02日【陪跑日记第四天】

接电话，继续接电话。已经四天了，我今天接到了两个新领域的营员，感受颇多。总结两个词分享给每一个营员：跨界和聚焦。

其实跑了4天，大多数的营员还是纠结怎么选题，怎么拍到话题上。先说我们Lily老师的生命数字密码吧。我也算过，我就是6号人，另外到底怎么算几号人？好了，书归正传。Lily老师最大的问题是她讲得很专业，但是怎么才能提高播放量呢？她告诉我所有的同行拍的内容都大同小异，而且专业的内容似乎看起来就很枯燥。我给她一个建议，关注跨界内容。

到底什么是跨界？其实我在过去的课程里讲过，包括我写的卖点训练营也说过，就是从看似两个不相干的事儿里找到共同点，然后再重新组合一下。我问Lily老师，你想要的观众是谁？如果是关于陪跑这三个月，你能连续拍点什么呢？Lily老师说，她的观众其实是以妈妈们为主。我说，那接下来的三个月正好赶上高考和暑假，可以以它们为选题，拍系列视频。

可是高考和暑假能拍什么呢？我的答案是，1号人该怎么备考呢？3 号人的妈妈该怎么给孩子解压呢？6 号人和 9 号人能不能一起复习呢？4 号人报志愿是按兴趣还是按成绩？

这些话题都可以拍，而且受众既可以是妈妈，也可以是爸爸，也可以是考生，是教师。如果你觉得我说得对，请继续往下看。

如果选题很好，是不是要原创剧本呢？我认为都可以。好的文案一定能让内容更出彩，而且会慢慢变成 IP。但是投入也相对大，还要更专业的功底与大量的时间。我给的建议是，让 Lily 老师去抖音里搜星座、属相、地域，围绕这些来表达我刚才说的那些内容。比如白羊座一般怎么备考，双子座的妈妈怎么给孩子解压，属羊的人和属狗的人能不能在一起？上海的考生该怎么报志愿，等等。

你觉得我这个叫跨界吗？其实就像乐高一样，把好的内容相互组合。但是前提是要拓展你的认知边界，多去观察和多刷作品，让更多的有相通之处的人或者事结合，引发他们的二次燃烧。

有点语无伦次了，但是我真心觉得大家可以借鉴和模仿。不管怎么说，期待她的变化。接下来我要说另一个营员的故事。

这位营员其实是在行的一个学员，他已经在抖音上运营了一段时间，做的是宠物行业，可能效果一般般。但是我们聊过之后，我发现他应该在视频号上试一把。

关注他，其实是为了推出我的另外一个建议：聚焦。我的建议是要不聚焦人物，要不聚焦内容。什么是聚焦内容呢？在我看来就是聚焦你的内容本身。比如我就是一个做饭的，那就要聚焦中国菜系，外国的菜系。如果是中国菜系，可以细化到鲁菜、川菜、粤菜等。要是外国菜，可以细分为欧洲的、美洲的、东南亚的。你是谁并不重要，重要的是内容足够有意思。

聚焦到宠物行业的话，可以聚焦到他的个人 IP 上，可以讲他到了夏天怎么带狗狗，怎么喂猫，如果他居家“蛤蜊”了，也可以讲他怎么遛狗，他怎么当铲屎官。甚至也可以以他的宠物为主线去拍，像 Vlog！但如果聚焦到内容上，可以是给狗狗洗澡的 50 种办法，或者给 50 种不同狗狗洗澡的技巧等。一句话，视频要更实用，更像百度百科。

他接下来会拍很多关于宠物的话题，你要不要也关注一下呢？

2022 年 6 月 03 日【陪跑日记第五天】

今天是端午节，一整天都在沉浸在过节的气氛里。不过到了晚上，我还是打开直播间，用晴天讲段子的账号跟大家分享了我上一篇日记里的两个关键词，跨界和聚焦。

或许因为端午节，晚上不到 8 点，直播间陆陆续续来了很多的老朋友和前辈，最多的时候突破了 10 人在线。是的，你没听错，10 个人。你会说，你那么多粉丝才来了 10 个观众。是的，我不是什么大咖，也没有什么特异功能。能在端午节晚上来我直播间看看我的应该都是真爱了。我收到了一些直播间的礼物，也得到了一些前辈的认同。总体来说，直播很成功。

直播间一直是我不想碰的平台，我总怕人少而尴尬，也怕别人觉得我是为了带货才直播。其实我也不止一次在直播间说，我直播就是聊聊天，既不卖货，也不卖课，而是找到跟我志同道合的人，聊聊生活与营销。我也在用最基础的主播套路，去套路我的观众。比如给我点点赞，比如给我转发分享直播间，比如送我礼物。我觉得在这个地方，做这些事情，就是给我的账号做数据，天经地义，没什么不好意思的。

我很少去推崇谁的理论或者方法，如果我推崇了，说明是我进行思考后的结果。李一舟的知识付费 3.0 体系理论，我很赞同，就是要聚焦到一个细分赛道，然后进行变现。换到我们做账号来说，就是要在某一个领域里深度渗透，直到做到行业唯一。

比如我做营销培训的，我可以做线上营销培训，我也可以做线上企业级营销培训，还可以做消费类产品企业级营销培训，以及消费类产品企业级营销卖点提炼与表达培训。我每次说的时候，都是在聚焦到一个更细的“赛道”。

打个比方，假如我是做职场规划的。我可以是做互联网行业的职场规划的，我可以是做一、二线城市的互联网行业的职场规划的，我可以是做一、二线城市的互联网行业的运营岗位的职场规划的，我可以是做一、二线城市的互联网行业的运营岗位的 30 ~ 45 岁的男性职场规划的。

是不是像在玩填字游戏？对，这就是我说的聚焦和细分赛道。但是赛道一旦内容做到枯竭了怎么办？那就聚焦你的受众的其他需求。比如刚才提到的职场规划里男性的其他需求，比如减肥，比如送礼，比如副业赚钱，比如夫妻关系等。

所以说，我总能听到有人说：“金老师，你是做视频号里最会带娃和讲营销的。”这种认可，让我觉得有意思，也很特别。这就是我一直在做的聚焦和跨界的组合。

2022 年 6 月 04 日 陪跑日记【第六天】

最近的几次直播，又一次让我感觉到，我的金点子并不是什么金点子，而是我总能发现别人看不到的东西。今天直播间来了两位陪跑营里的营员，她们问我很多问题，其实都是我知道，而她们没有关注的。大多数人都在说短视频在贩卖焦虑，也在贩卖知识。而我觉得这里的知识，其实大多数是信息差和思维差。我们看得多了，见得多了，就自然能理解里面的门道，但是前提是，我们是门里的人，如果你还站在门外思考屋里面的事儿，那我猜你永远都想不明白。

我从来不奢望能有多少人守候在我的直播间，但是如果我真的坚持3个月直播，你觉得我会不会有新的变化呢？我说过，我在我的直播间不带货，不卖课，只为给大家解决思路和创意的问题，但是与此同时，我也会遇到很多多年没见的朋友，同行与前辈，大家刷礼物，我会很开心，那你说我直播值不值呢？

说到直播，有几个小技巧分享给你听。

第一，要不停地互动，叫粉丝的名字。（保持直播间热度，留住观众）

第二，要让大家打字，增加内容数据。（平台才有机会给你推流）

第三，要间断性分享，观点和直播间。（有价值才能有人气）

第四，要礼物和打赏，验证你的价值。（搂草打兔子，一箭双雕）

2022年6月06日陪跑日记【第八天】

我的直播间，不带货不卖课，初衷就是教你玩视频号。所以说，我是讲怎么用视频号做营销的，并不是仅仅教你怎么做短视频的，也不是教你用视频号变现的。教短视频的，大多数是教你剪辑和写脚本；教视频号变现的，大多数最后都是教你如何卖他们的课，或者你自己的课程。

那做视频号，我们普通人又该怎么变现呢？我觉得除了直播带货和卖课，还有很多短视频变现的手段。我今天就说说我跟一个视频号博主交流的结果。

我们陪跑营的这个博主是一个运动博主，具体来说是户外运动的博主。他最近的作品也很优秀，播放量也很好，然后他给我讲了一个他看到的变现模式。其实就是过去给线下老板做广告的人，从探店变成了挑战“一个月挣10万元钱”。作为一个普通观众，你会觉得这就是变相收取广告费获得收益呗？但是我觉得这个“挑战”，绝对是一举多得的好事。

先分析一下探店这件事的变现。我不是很专业，但是我能看到，第一就是给店做广告收广告费；第二是给食客带来套餐实惠，获取购买佣金；第三还能给博主涨粉丝，提高知名度，让他有比较好看的账号数据。但是现在变成了“一个月挣10万元钱”的挑战，那意义就不同了。一个月，就是我之前日记写的聚焦，既可以是聚焦到赚10万元钱的事儿上，也可以聚焦到博主自身的经历上。所以借用好奇心的逻辑，粉丝或者“路人”观众有可能持续看下去，看看他的变化。

他的变化可能有很多种，第一是收入的变化，第二是粉丝的变化，第三就是与商家合作的变化。收入的变化不说了，目标就是一个月挣10万，过去这个博主可能是靠接广告，给客户做活动，做海报，做宣传赚钱，现在变成让观众看他怎么赚钱，但是内容依然是帮助商家做宣传，只是形式变了，从而收入也变了。粉丝的变化可能从过去的食客变成了路人或者商家，这样扩大了圈子，让更多的观众加入其中，影响力更大了。最后一点就是与商家合作模式，因为我看到他在用短视频的方式帮商家推广，而且还可以给商家讲课赋能，真是一鱼多吃啊。

说实话，可能还能从其他角度解释这位博主的赚钱形式，但是我毕竟不认识他，不知道还有什么，我能想到的，就是内容的植入。比如他出门的穿着，骑行或者开的车的品牌，包括拍摄的装备，除了线下服务的实体店，很多的品牌都可以合作与植入，这样的内容输出你可以借用“大 LOGO”的玩法去理解。

我表达得或许不够清晰，但是你也可以持续关注这个博主的变化，你就能慢慢体会到视频给他和他所服务的商家带来的变化，一定是有很多复利（一次投入，多次收益）在里面的。

讲完了这个博主，我介绍一下拍风景或者户外博主的一种赚钱模式：通过推广背景音乐赚钱。当你看到很多视频用了一些好听的歌曲，其实博主已经通过这个赚到了钱。因为现在的音乐发行方式和推广方式很多样，有的音乐制作公司为了能让更多的听众听到作品，就借用热门的视频来做植入，这样既蹭了流量，也推广了歌手和作品，一举多得。

所以说，我总是劝很多博主，你的作品不一定是真人出镜，可以是画面配文案，包括用好听的背景音乐也是很加分的。总结一下就是，没有我们做不到的，只有我们不知道的。

2022 年 6 月 08 日陪跑日记【第十天】

做视频号已经快 3 年了，慢慢地习惯日更，看视频，做内容，讲段子。但是直播带货这件事，我还是一直没敢碰，原因有两个。第一个就是我没有货带，也没有课想卖。第二就是我比较爱惜自己的嗓子和身体。

直播其实不分时间，也可以不分地点，但是一旦有了带货的 KPI，你就要考虑场观，考虑销量，考虑流量，考虑很多事情。

所以我最近都固定在晚上 8 点左右开播，希望让更多的人看到。

这一系列问题，我其实看得很开，毕竟我不是网红，也不是所谓的知识博主，我只是一个讲营销的全职爸爸。所以我在直播间不是为了交付知识，而是跟大家聊聊生活和工作，那压力就会小很多。

既然我没有商业目的，我也就放弃了做直播海报和忽视了直播预约的功能。我没有“求爷爷告奶奶”地让大家点预约，是因为我不能保障有什么实质性的课程或者商品交付给大家。大家的期望值降低了，我的主动性相对也会差一些。

不过，所有的事情反过来想，你就会明白，如果你要做直播，是不是要有以下的动作：定直播内容和时间，做好直播前的预热和预约宣传，做好直播内容的设计和运营，设置直播时候的互动话题和送礼，等等。

5 年前，我就开始帮别人直播，我知道里面有很多的设计和猫腻。我也可以给你讲一部分门道，比如要不要挂机器人，比如要不要给主播刷礼物，比如要不要引导购物和消费，这些看似是行业里的潜规则，其实对于大多数门外汉来说，还是很神奇的事。我们当时做直播，还要用很多手机给博主点赞，刷评论，刷礼物，这些动作其实是可以用机器人代替的。

好吧，我不想说太多内幕了，毕竟我身边还有很多做电商的人，兴许他们也会看到我的内容，我还是老老实实说感受吧。今天的直播，起初就是两个陪跑营的人在听我讲内容，其实干货很多，但是也很无趣。因为再花哨地讲知识，还是为了解决问题，借用段子、讲故事，都是为了更好地让听众快速地理解。

当我讲述完，短视频团队需要 3 个人的机构以后，突然直播间来了几个好朋友。她们的到来给我的直播间增加了很多的互动和话题。而更多的内容就是，想看晴天。这是为什么呢？

因为我用的是“@晴天讲段子”的账号播的，所以大家会默认地想看主角晴天同学。还好晴天同学就在我身边玩玩具，于是我让他用说话的方式跟大家互动了一下。

说实话，直播间如果不卖货，不卖课，那就剩下聊天和表演才艺了。我和晴天最大的才艺就是讲笑话，于是就给大家讲了驴拉磨的段子。你可以看看我们的视频号内容，今年的上半年是不是这样。直播这件事，真的不是一般人能干的，能做成的一定是少数。总的来说，懂得坚持，一定会有惊喜，而陪跑的事情，我会继续努力，也希望大家能有更多的问题跟我互动，可以给我更多思考问题的方向和维度，也使我进步。

2022 年 6 月 14 日陪跑日记【第十六天】

我每天都在思考拍什么内容，你也为这个事情发愁吗？其实我对于选题，一直都很明确，首先做爆款翻拍，其次是原创感悟，最不能碰的是“血馒头”和新闻事件！2011 年，我就加入了新浪。我也是有老媒体人的情怀的，但是现在的我坚持不去碰新闻事件，除非这个新闻事件跟我的行业或晴天有关联，我也会适当选择。

我是典型的不发声、不站队，也不想做出头鸟的人。说实话，蹭热点很容易被同行嫌弃，我会在不同的节日送上祝福和段子，我也会在重要的日子给出观点或者记录。

那到底怎么策划选题呢？我就说说我与 20 号和 21 号陪跑营朋友的沟通与分析。

20 号是健康领域的美女博主，她在镜头前还算是表现不错的，7 分以上。我的要求比较严格，满分 10 分。她的内容主讲营养健康，她也是资深的营养师。说实话，我家就有学医的，所以很多专业知识我还是挺喜欢看的，特别是营养、健康、解决情绪、变瘦等这样的话题。

我打开一条她的作品，发现她的干货是在整个作品的 1 分 20 秒开始说的，但是如果观众没有耐心怎么办？是不是就是错过了一个很好的干货帖呢？所以我给她的第一个建议是，重新调整一下视频作品的表达逻辑，把干货放在一开头说，先留下观众的“眼睛”，再考虑怎么留下观众的“手”——点赞和点关注的动作。

我经常说，讲内容，一定要先说别人想听的，再说别人听得进去的，再说你可以说的，最后再说你想说的。

要是我改这条作品，我一定会说：“你知道吃哪 9 种食物，可以减少长白头发吗？这九种是……”接下来说这九种食物的营养含量和作用，再往下说因为疫情在家，所以心情焦虑自己也长了白头发，但是自己的知识储备库告诉我，吃了这些可以缓解和保护好头发……最后说因为自己平时就有这样的坏习惯，总是以营养师的身份去给别人上课……

怎么样？这样的表达你给我打几分呢？会不会愿意看完我的视频呢？为了提高我的完播率，我肯定会把多余的词都删掉，只留下最精华的内容呈现给你看，最后给自己打个广告，我就是你身边的营养师某某某！

是不是很套路？但是我觉得效果可能会比原本的内容更有节奏和可看性。而这里我也提醒她，为了在表达时将台词发挥到最好，我会选择阶段性的表达或者逐句录制！为什么呢？在同样的台词面前，谁的表情更自然，表现力更夸张，谁就更容易留下观众。

说完了单个视频的修改意见，你也可以听听我给她讲选题的两个思路。首先，我给她想了一个系列作品名称，叫《我的200个“奇葩”病人》。怎样奇葩呢？毕竟她工作这几年，怎么也会遇到200个病人，但是“奇葩”一定是带有吐槽或者讽刺、调侃在里面的。就像我这两天看到一个新综艺，好像叫《脱口秀怎么办》，这里“怎么办”的第一个意思是如何是好，还能不能混下去了。第二个意思是到底怎么举办脱口秀呢？需要哪些准备和环节呢？所以越是有冲突，有话题，能够一语双关的，越是大众用户想看的。

后来我反问她，要是没有200个病人的经历怎么办？她想了想，我紧接着说，可不可以把你看到的、听到的病人的事情也拍进去？她说可以。你看，不是所有的内容都要原创，也可以二次加工。而且一定是抖音上的爆款，才值得借鉴。

病人的“奇葩”，也是在考验营养师和大夫的水平。毕竟林子大了什么鸟都有。于是我也跟她说了一些我之前的段子和拍摄的技巧。结果我们就聊到了第二个选题的思考当中：“陪跑营这3个月拍什么？”

我没有直接给答案，而是问她晴天未来3个月会有什么事情发生？她说是开学！我说的是未来三个月，这3个月里，而不是最后的9月1日。后来，她说是放暑假！于是我就说晴天未来三个月的暑假生活会有哪些可能性呢？总之会有很多内容可以拍，比如出去旅游，比如在家娱乐，比如运动，比如看书，比如很多很多。

当我们聊完了这些，我给她一个关键词——“夏天”！夏天会不会有很多营养话题呢？比如贪凉的冷饮，比如吹空调的房间，比如夏天有湿疹，比如去火发汗，看似很多的生活习惯和心情的变化，是不是都可以拍拍呢？夏天来了，各地的气候不同，生活不同，大家一定有很多营养上的问题和焦虑，而最火的一定是减肥。所以选题还难吗？接下来的3个月，如果你也在这些营养问题上有困扰，欢迎关注她视频号的内容和干货，或许你会来感谢我的！

最后要讲讲我们21号陪跑营营员的困扰："公司的短视频该怎么搞呢？"

很多企业做短视频有利有弊，利是有资金和团队，弊是思维可能是企业逻辑，注重投入产出比，老板就看转化率和粉丝。你说这个有问题吗？我觉得没问题，毕竟坐什么位置就要考虑什么事儿！

但是很多企业做不起来短视频，要么是方向错了，要么就是思维错了。有人说，越是讲得专业，越能引来同行观看，可消费者和观众一点都不喜欢。那怎么调整才好呢？

我们21号营员的阿柳同学的公司是做软装的，其实你可以理解是设计公司，也是出整套的解决方案的，他们没有那么多的产品，但是要把甲方的家具或者家装产品通过包装和整合，卖给终端消费者。那么问题来了，是不是只拍产品就行了呢？阿柳同学的公司是不是知名的家装公司呢？他们的产品有没有价格优势呢？

其实大多数人，都喜欢用行业里的思维做内容，可这样会让你变成困境里的囚徒，只考虑我比别人好在哪，容易忽略别人认为你是谁。我们在聊的过程中，她告诉我未来有2个账号需要启动，一个是偏产品的，可以是酒杯，通过讲知识或者鸡汤，或者是演绎类的段子，来把内容和售卖的杯子做绑定。我觉得没错，只要内容能破圈，能让持续关注她账号的人买单就好。抖音上的对标账号肯定是有的，不用着急。

可是她第二个号起号就有些难度，有置景的成本，和一部分产品拍摄和后期剪辑的工作量。特别是内容会相对聚焦到装修这个事情上，内容变得很垂直，具体到了“点”。不像账号一里，可以讲讲鸡汤和喝酒的泛内容。于是她告诉我一个行业里的秘密，我也在这里偷偷分享给你。

家具行业，每年有很多大大小小的展会，很多展品最终也会成为二手产品进入市场流通。这些只用过一次或者几天的产品，最终都要进行回收，但是直接处理掉太可惜，放到闲鱼上卖，我觉得工作量也不小吧？阿柳同学的业务就有一部分在解决这些不错的“二手货”。她想拍一个变装类的视频，但不是人的“变装”，而是家的“变装”。换衣服和换装修风格，其实并不是一个关注点。

她还想过每天有那么多货物需要查收，能不能做个开箱视频呢？我觉得这些想法和内容赛道都很好，但是我也说了自己的观点。你要是看开箱，肯定会有几个问题围绕着你。

第一，开箱的博主你喜欢不？

第二，开箱的品类是不是你关注的？

第三，开箱的过程和内容是不是你期待的？

第四，开箱的最终结果和你有没有关系？

这几个问题你看了是不是也会有点蒙？我的答案是，可以围绕观众，聚焦人群画像来做内容。第一，因为是装修，所以内容可以出现的场景大多是办公或者居家场景。所以我直接给她一个建议，就是聚焦职场白领或者职场妈妈。毕竟女人的购买力很强，只要在这两种女人身上找需求点，一定能把产品卖掉！

还比如疫情居家办公或者学习，我们会不会变胖呢？要不要一起跳跳操，那要买瑜伽垫还是买一个地毯呢？同样，到了夏天想让房间变得舒适，不想天天闻到老公或者男朋友的汗臭味，要不要买个香薰或者花瓶装饰一下呢？

其实还有很多的产品和家装的变化，都可以围绕单身女孩、情侣、三口之家、一家五口等话题展开。单身女孩可以推送软装的小摆件，情侣可以推送婚房的装修，三口之家可以推送孩子的书房升级，也可以是老人的二次装修，等等。只要聚焦用户想看的话题，产品一般都可以卖出去。那后面一系列的工作就来了，如何锁定最终的购买用户，如何选品，如何找卖点，如何运营内容，以及要不要直播带货！

2022 年 6 月 15 日陪跑日记【第十七天】

我开始第二轮的沟通了，很多营员已经开始有作品了，但是还不敢发出来。大伙儿跟我说得最多的问题，依然是定位不清晰，表达力不够好，或者是启动前的各种顾虑。

今天我跟 2 号营员聊了一个特别有意思的话题：如何给儿童夏令营做宣传？说实话，这个问题问得我有点发蒙，毕竟他是做农资行业的，为什么突然问我夏令营的事？于是他给了我一个视频，我看了一下。总体来说，营员做内容习惯运用产品思维。换个思路想一想，如果你是孩子家长，马上暑假了，要是想让你家“神兽”暑假有点事做，你会不会给他送到夏令营呢？要是送的话，你会有什么顾虑呢？

我先说说我，作为家长比较担心的是安全问题，包括户外活动是不是会中暑，晚上睡觉太热吹空调会不会感冒，打球的时候会不会受伤，训练的时候会不会磕到碰到。而妈妈关心报名的时间，活动的价格，学习的内容，等等。

但是再回头看看这个视频，很多篇幅都是在讲活动的硬件设施，环境和匹配的老师，而与用户的痛点关联度不高。比如我作为一个球迷，我就看到场地里有篮球场，那我是不是可以跟晴天说："儿子，这个夏令营里有篮球场，你可以约着同学一起去，顺便还能打篮球！"我同样还看到军事主题课程和国学主题课程，我会说："晴天，你最喜欢的三国历史故事，我猜那里的老师肯定比爸爸讲得有意思，你要不要去听听？"或者"你去那里可以看看真的飞机什么样。还有部队里面的上下铺，要不要体验一下？"

你发现了吗？我讲的每一个话题都是根据我看到的画面，去给我儿子讲夏令营里可能会有的好处和他着迷的点。其实还有很多我们没关注的点，有医生护士陪伴，有人工智能可以学习，特别是有自己的教官。那要宣传自己的教官该怎么做呢？可以说他们带过 10000 个小朋友，有 3 年的暑假班经验，多去晒晒学员和教官的合影，等等。

其实孩子们想看的和家长想看的不太一样。如果只是给父母看，表达逻辑可能是先说痛点："暑假到底是让孩子疯玩，还是去做点有意思的事儿？"再或者："这个暑假，做妈妈的，想不想给自己放个假？"还可以是："怎么通过一个暑假，让你的孩子变得更坚强与勇敢？"还可以是："如何让你家孩子懂得团队意识，未来不再社恐？"

这些可以是短视频的标题，也是吸引妈妈去看的话题！问题来了，他问我这些视频跟他原本的农资能不能挂钩呢？我的答案是能啊！针对来报名夏令营的妈妈，在报名的时候，我们可以给一些代金券，比如买羊肉优惠券。如果有妈妈们组团买，我们还可以打折。然后，在妈妈们送孩子的时候，就把羊肉给她们，告诉她们，孩子们这段时间吃我们提供的羊肉。等夏令营结束，妈妈接孩子的时候，可以问问孩子羊肉好吃否，好吃可以继续加购，发朋友圈晒图还可以返红包！你觉得我给的建议 OK 不 OK？

2022 年 6 月 16 日陪跑日记【第十八天】

最近有两个公司的视频号都在我这里陪跑，更开心的是来了第三家，而我听到最多的话题就是："老师，我们能'抄'别人的内容吗？算不算侵权呢？"

我觉得这个话题很好，也应该拿出来跟大家讨论一下，我的观点是不能完全照搬别人的视频和作品，但是文案结构和内容思想，是可以借鉴的！

好吧，我今天先说说第一家公司的故事。

这家公司是做"三农"行业的，简单地说就是卖饲料添加剂的。你说说，这个行业能不能拍短视频呢？要不要讲得很专业呢？你觉得他们拍什么你才会看呢？这些问题看似很复杂，其实很简单。

我做视频一般分为三步：

你未来想影响的观众是谁？

你打算用什么形式的内容解决他们什么问题？

最后你如何通过短视频变现？

这个灵魂三连问很通用，你也可以试试。

继续讲故事，他们的团队现在是 4 个人，想把目前的产品讲明白，他们已经拍了一轮产品的视频，接下来想换个思路重新起号，于是我们就深聊了2个小时。我给他们的回复是，现在作品里的内容就像炖肉，满眼看去，都是骨头，没有肉。知识咨询也好，专业内容表达也好，占据了95%的画面和时长，而用户或者普通大众能看的内容不到5%。你说播放量会不会好呢？

无论做什么内容，都要有“专业”，专业就是骨架。同样也要有肉和菜搭配。肉就是更多有趣的表达，而菜就是一些流行的元素，或者大众更容易接受的表达。

讲一个我的故事，我很小的时候就发现自己只要一喝牛奶就会拉肚子，结果就在前几年一次看综艺的时候，发现某品牌有一个产品主打“乳糖不耐受”。是的，就像我前两天发的视频里说的，“吃香菜传男不传女”一样，有些生活现象可以用专业术语去解释，但是如果每一个内容都是专业术语，那我真的听不懂，也听不进去。

所以说，我后来再去买牛奶就开始关注乳糖不耐受的问题了。我讲完这些话题的时候，对方公司团队就开始反问我：“金老师，您买鸡肉的时候，会不会问鸡吃什么饲料的问题呢？”我当时就反问：“你们买鸡肉会问商铺的鸡吃什么饲料吗？”其实这种思维就是典型的产品思维，因为我是做饲料的，所以我会关注。但是大多数人都不关注饲料，而是关注这个鸡是不是新鲜，是不是特价的，是不是什么品牌的，或者有没有促销活动。至于鸡吃的是小米还是肉夹馍长大的，我们谁会关心呢？

有产品思维不是坏事，但是只有产品思维那就要坏事！在我的认知里，“我是锤子，也不会满大街找钉子！”所以你要看用户更想看什么才是重要的！后来我又说，同样是围绕鸡拍视频，能不能换几个话题拍作品，比如，你知道一只成年母鸡每天能下几个蛋吗？再比如，你吃的鸡身上有没有肌肉？

看到了吗？我的所有点子都是信手拈来，你别看我想得好不好，你就说我想得快不快吧！再往后的故事，我们又讨论人设的问题，包括内容矩阵的问题。我也希望能在线下继续给他们做指导，您也可以持续关注我们的变化。

2022 年 6 月 17 日陪跑日记【第十九天】

关于视频号，其实我们都在摸索，也会在做的过程中遇到各种问题。有问题是好事，就怕发现不了自己身上的问题。今天的日记很简单，我把一个企业给我提问的内容罗列出来，看看能不能帮到更多的企业去做视频。

1. 如何在一个月内将视频账号做起来并和其他的工具打通？

我做视频号 3 年了，还没起来。我不确定是平台的问题，还是我自己的问题。所以做起来没有定义，也没法预测。打通的工具就是微信和公众号的联合使用。

2. 如何把视频号 + 公众号 + 社群 + 小程序 + 小商店 + 直播全部连接打通？

前提是你先做了这些内容之后，咱们再讨论，如果都没做，就没必要谈打通了。如果都做了，这个就不是问题了，因为都接触了，一定会找到规律。就好比怎样能让孩子的语文、数学、英语、体育、物理成绩都好，而且还能相互作用，前提是孩子要先上学才有答案。

3. 如何梳理我们的运营规划？

运营计划是根据账号的目的和运营节奏来的，都是先做后摸索，我的经验是每天发作品，每天与粉丝互动，规划就是天天看，天天学，天天做。一点点来。

4. 公司视频号的名称是用真实姓名还是有个统一的昵称？

我的建议是公司视频号就是公司名，但是多少人愿意看公司的账号呢？

5. 如何对客户和员工进行社交媒体干预？

一句话，多发朋友圈，影响你身边可以影响的人。

6. 如何打造公司的“日更联盟”？

大家一起做，天天更新。

7. 我们现在怎么设定脚本和剧本？

去借鉴学习。可以是教育行业的，可以是非教育行业的公司日常，种类很多。

8. 这些事情我一个人可以完成吗？如果不能需要几人团队？

我的2个账号，我自己一个人做全部工作。需要几个人，要看公司的预算和配置，但至少包括内容制作、账号运营两大板块。

2022年6月18日陪跑日记【第二十天】

我有一个营员，从缴费到昨天，我们就一直没能联系上。我是天天约，日日盼，终于在“618”这天和她在微信语音里见了“面”！我这个营员来头不小，这里卖个关子，不说她是谁。但是她和她老公的企业确实帮助了很多企业老板学习和成长，我认为是功德无量的。

大家都说今年做线下实体很难，做线下实体培训更难，我觉得在北京做线下实体培训那就是难上加难。我这个营员从事的就是企培行业，最近也被各种线上的大咖冲击着，线下的业务越来越难开展。说实话，我也受到很大的影响，我和营员都想到一个不错的方法，借此努力宣传自己和业务，那就是视频号。也就是因为视频号，我才有机会认识这位营员。所以我一直认为视频号，一定是未来的社交新名片。

企业为什么要用视频号呢？我在之前无数次的线上分享中说过，企业需要做陌生流量的拓新，同时需要激活固有的老客户。现在的流量越来越贵，不论是电商还是短视频，只要有人的地方，就要付费买流量。但是根据你的投放精准度，买回来的流量到底是不是可以变现呢？我们谁也不敢保证。特别是短视频平台，你的内容受众真的希望在短视频平台看到你投放的内容吗？好比我是教育领域的人，会不会我打开微信视频号，打开抖音，打开小红书，就一定要看有关教育的事情呢？实际是我也会看游戏、娱乐、综艺、汽车，等等。

我一直建议身边的人，做视频号不要只围绕自己的专业，如果你不理解，就想想俞敏洪老师的团队，他们是怎么从内容的角度破圈的。我之前就说过，做直播就是在聊天，只是聊天要有水平，卖货要懂得技巧。当平台的规则和头部流量变化的时候，你能不能抓住流量红利呢？

说到老客户，大家都能想到私域流量这个词，我想说，你的微信好友就是你最好的私域流量，可是很多人都给经营烂了，也有很多人根本不经营。视频号确实是一个维护和影响他们的新平台，毕竟几乎每个人都会看朋友圈，但不一定每个人都安装抖音！

回到我的营员上，这位营员还是三个孩子的宝妈，她希望通过视频号来记录孩子的成长，也算是一举两得，跟我做“@晴天讲段子”有着同样的状态与心情。那拍点什么才会迎来大家的关注呢？单纯的记录生活可能很难破圈，也很难涨播放量，毕竟大家还是喜欢看明星的生活八卦。但是都拍段子，也似乎没什么特点，小朋友也不会个个都配合。那拍亲子教育，我不确定我这位营员有这么多精力去准备，甚至会不会被大家质疑等。

但是仅仅让你知道她是一位三胎妈妈，你会不会就很好奇想看看她的视频呢？比如你会不会好奇她在哪个城市带三个孩子？再比如你会不会好奇她一个月能挣多少钱？再比如你会不会好奇她每天都要花多少钱？当然还会有各种七七八八的问题，我就不一一列举了。

我说过，你是谁不重要，重要的是别人认为你是谁。你发什么也不是关键，关键是能不能让我为你点赞和传播。有共鸣、能吐槽、愿分享，才是好内容的硬核元素。

聊到一半，她又告诉我，其实她每天只有一个小时的时间来拍孩子，因为大多数的时间还在忙工作。我就问她是不是因为还不太会剪辑，她无奈地说是的。于是我建议她，让她的同事帮着剪辑，毕竟每个人的时间精力都有限，她可以聚焦到内容创作和拍摄上，至于后期的剪辑和账号运营，可以让她公司的专业人员来一起做。你发现了吗？做事情就是这样，不是所有的事情都要一个人完成，术业有专攻，把能力最大化才是明智的选择。

我在视频号的问题上，帮她打开了心结，也拓展了她的思路，她也在问我如何给自己接手的少儿培训和企业培训做内容。现在她的少儿培训的内容大致是帮助企业家的子女解决一些成长问题，而企业培训也在为更多的企业在他们的平台宣传品牌和做流量变现。

2022 年 6 月 22 日陪跑日记【第二十四天】

一天的企业内训，我觉得同事们变化挺大的。无论做哪个行业，大家都有自己的专业，也有自己的惯性思维，同时也会有一颗好奇心。

我们陪跑的企业中有农业产品的团队，我敢说他们是一批又聪明又小众的群体。聪明，是这个行业要懂得很多的科学理论，比如生物学、医学的知识。至于小众，这个行业本身的企业不多，从业者也不像互联网公司、消费品行业或者服务行业一样，来来走走的。能在行业里做好的，少则十年，多则几十年。越是传统的行业，越需要不断探索与学习。毕竟外部环境变化太快，或多或少都会影响到行业内部。

我们在线沟通的时候，我能感受到这个团队是一个具有典型产品思维的群体。那什么是产品思维呢？我用一句话概括就是我有什么，我就卖你什么。那用户思维，就是你需要什么，我就变成什么。你要问我，怎么理解产品和用户的区别呢？

我打个比方，好比你楼下有一个快递，如果你在自己父母家，你会对你的父亲说："爸，我有个快递，您帮我拿一下，我这有点忙！"但如果你在你的岳父岳母家，你会对你的岳父说："爸，您一会儿下楼抽烟的时候，顺便帮我把快递拿上来吧！"

也许你会说，这是姑爷和儿子的区别吧？对，我已经跟团员们说了两天，我们做内容就要先理解儿子和姑爷的区别，然后把产品思维和用户思维的两个核心内容一起做。左边可以是产品思维，可以是理性的表达，通过视频发产品介绍、公司背景、企业发展等。右边就是用户思维，进行感性的输出，通过我们某一个人，或者某一个观点，让用户觉得我们这个企业很有趣、更容易接受。所以一定要记住：要多用"速干"和"性感"的段子。

大多数企业做视频号，都是从专业角度开始的，但是真正能被用户记住的，被粉丝叫好点赞的，可能还是鸡汤和段子，还有新闻和有趣的“干货”。陪跑营的这家企业刚刚进入视频号不到2个月，拍了一些产品类型的内容，就收到了同行的正向反馈，同事们也很开心！

可是说回来，我们的客户或者微信好友，愿不愿意每天都看我们说专业呢？学习是反人类的事儿，大家也不是每分钟都愿意看专业的。所以有产品思维不是坏事……

一天其实很快就过去了，我们一起学习从用户思维，到文案，到设计，到数据反馈，到社交营销、内容营销，包括最后短视频的基础操作和玩法。没想到大家的接受能力还是可以的，我们结课的时候，还拍了两个作品。

晚上，我和大家一起吃饭，一起聊天，一起拍段子，团队的思维又重新被我激活了。接下来的日子，大家会进入公司的内容2.0时代了，还是要以观众为中心做内容。这里对内容的筹划我还是要保密，但是很期待他们2个月后的变化，希望在农业领域里，多一个网红公司。

最后补充一个观点，团队里有一位同学问我：“老师，我们如何搞定现在的客户呢？不论是通过视频还是其他线下的营销方式？”我的回答很简单：“让外行认可你！”

如果你没有理解我说的答案，你就思考一下，为什么茅台出冰激凌的价格会跟哈根达斯一样贵！

2022年6月24日陪跑日记【第二十六天】

我今天给大家展示我写的5个脚本，你猜猜我是不是接广告了呢？

1. 交朋友

地点：麦当劳餐厅

【晴天】：爸爸，我刚才去要番茄的时候，您猜我看到谁了？

【爸爸】：谁啊？

【晴天】：好像是我同桌洛洛！

【爸爸】：是吗？她也来吃麦当劳？

【晴天】：嗯，跟她爸爸妈妈一起来的！爸爸，我还发现一个规律，不是每一个女孩，都可以跟我做朋友！

【爸爸】：为什么？

【晴天】：比如叫丽丽的就不行，因为“粒粒皆辛苦”！也不要跟叫佳佳的女孩玩！因为“家家都有本难念的经”！

【爸爸】：哪跟谁做朋友比较好呢？

【晴天】：要跟我同桌洛洛做朋友！

【爸爸】：为啥？

【晴天】：因为，“落落大方”！

2. 三个字母

地点：麦当劳餐厅

【晴天】：爸爸，我发现很多人说话都爱夹杂英文，是不是？

【爸爸】：嗯，比如呢？

【晴天】：听歌要 VIP，打球要 MVP，生活要 RMB，爱我要

ING，吃饭要 MDL！

【爸爸】：MDL 是什么意思啊？

【晴天】：麦当劳啊！

3. 运气很重要

地点：麦当劳餐厅外面

【晴天】：爸爸，我觉得运气这个东西很重要，您觉得呢？

【爸爸】：当然了，比如我就经常能赶上麦当劳做活动，买两个冰激凌，第二个半价！

【晴天】：确实，运气这东西就是很飘忽不定，不顺的时候，就特别不顺！顺的时候，就会好一点。不过我现在就是比较不顺！

4. 72 小时核酸检测口诀

地点：麦当劳餐厅门口

【晴天】：爸爸，您健康宝刚才显示是几天啊？

【爸爸】：我这显示是 3 天啊！咱们又该做核酸了！

【晴天】：嗯，我这有一个 72 小时做核酸的口诀，您要不要背背？

【爸爸】：是什么呢？

【晴天】：周一做，周一做，周一做完周四做！周四做，周四做，周四做完周日做！周日做，周日做，周日做完周三做，周三做，周三做，周三做完周六做！周六做，周六做，周六做完周二做！周二做，周二做，周二做完周五做！周五做，周五做，周五做完周一做！您记住了吗？

5. 爸爸做饭

地点：麦当劳餐厅门口

【晴天】：爸爸您到底会不会做饭啊？

【爸爸】：会啊，但是我今天想带你吃麦当劳，尝尝他们新出的汉堡，怎么样？

【晴天】：好啊，但是我发现您和我妈做饭的状态完全不一样！

【爸爸】：你说来听听，怎么不一样了？

【晴天】：我妈做饭，做着做着就说，老公，吃饭喽！而您要是做顿饭，就会喊老婆，你帮我洗个菜，切下肉，从冰箱拿两个鸡蛋，顺便帮我拿一下料酒，给我再剥两头蒜，恨不得全家给您打杂，有时候打杂的比您这做饭的都忙。还有我妈做顿饭干干净净不慌不忙，您做顿饭，堪比炸厨房！

没想到的是，这几个全部被毙掉了，然后我不气馁，又改了3个造句系列。

@晴天讲段子 脚本3则：期待中的第N天

1. 用“我以为”造句

【晴天】：爸爸，您可以用“我以为”造句吗？

【爸爸】：可以啊，我以为时间会过得很慢。那你也来一个！

【晴天】：我以为妈妈是超人，永远不会生病。您猜二叔怎么造的句？

【爸爸】：他怎么说的？

【晴天】：二叔说，他以为一辈子就真的是一辈子。

2. 用“以前和现在”造句

【晴天】: 爸爸，您可以用“以前和现在”造句吗?

【爸爸】: 可以啊，以前总是盼着你长大，现在总是希望你不要长大。

【晴天】: 您想听听我妈怎么造句的吗?

【爸爸】: 可以啊!

【晴天】: 她说以前碰到喜欢的东西就下单，现在碰到喜欢的东西就先放购物车。

【爸爸】: 那你怎么写的?

【晴天】: 以前是以前，现在是现在。对了，我二叔也说了一句!

【爸爸】: 是什么?

【晴天】: 以前他碰到喜欢的人很勇敢，现在他遇到喜欢的人会退缩。

3. 用“想，更想”造句

【晴天】: 爸爸，您可以用“想，更想”，造句吗?

【爸爸】: 疫情过后，我想赚很多的钱，更想带着你和妈妈出去走走。

【晴天】: 我妈妈刚才也造了一个:“她想吃麦当劳，更想变漂亮。”

【爸爸】: 你让二叔也帮你想一个!

【晴天】: 他造了一个:“无论有没有疫情，他想让她记得他的好，更想让她记得他就好。”

接下来，我把最后一则脚本的最后的定稿给你看看！

用“想，更想”造句

【晴天】：爸爸，您可以用“想，更想”，造句吗？

【爸爸】：疫情过后，我想赚很多的钱，更想带着你和妈妈出去走走。

【晴天】：我妈妈刚才也造了一个：“无论有没有疫情，她想让您记得她的好，更想让您记得有她才最好。”

【爸爸】：那你呢？

【晴天】：我想快快长大，但现在更想吃麦当劳。

其实这三段，都是父母期待孩子好，年轻人都期待拥有更美好的爱情。我用 2 个小时改稿子，我们父子最终用了 2 分钟拍摄，20 多分钟剪辑，做了 AB 稿，B 稿通过！

2022 年 6 月 25 日陪跑日记【第二十七天】

我一直在吐槽视频号的流量在变化，同时也在反思自己的努力和作品。我的一个预感可能又要实现了，视频号真正的商业化时代即将开始了。

我是从 2020 年开始接触视频号的，做了两个账号，获得了一些成绩，承接了一些广告和培训。我很满足，也很感谢平台。但是今年是视频号的第三个年头了，我在思考平台要不要有变化，到底谁在主宰市场呢？

今天有幸跟一位行业里的前辈通了个电话，我再一次体会到，多跟行业里的人交流信息，也多跟行业外的人找机会。怎么理解这句话呢？其实行业里总会有一些你不知道的内容和变化，所以要多去跟有资源、有人脉、有能力的人交流，减少自己的认知盲区。同时，我们要找到行业外，不做我们业务的这些人多问问题，这样你就知道你的哪些能力可以变现。毕竟有些人的知识，就是另一些人的常识，信息差的买卖永远不过时。

跟前辈聊过之后，我们有 3 个共同的认知：

2022 年下半年，视频号开始正式商业化。

区域上的本地化商业机会有大幅度提升。

某些行业的“老板级”IP 会越来越值钱。

可能有些观点你不认同，也可能不知道我在说什么，没关系，我会在后面的日记里，逐个给你解释。

互联网里很多的 APP，都是在刚启动的 1 ~ 2 年里野蛮生长，疯狂吸引客户，洗行业，但是一旦有了起色，很多行业里的竞品就慢慢同质化，然后出现几个独角兽企业，或者 BAT 系的公司出来收购，最终不是两分天下，就是三分天下。

而在它成熟后的 3 年里，一定会开始 2 ~ 3 轮的变现方式的升级。最终活下来的 APP，就会重新分流互联网里总流量的一部分红利，或者江湖地位。幸运的是，每次的变革，我都会用不同的方式参与或者被参与。从论坛到搜索，又从社交媒体到电商，从直播到短视频，我也从一个追风少年，成长为中年大叔。

我一开始有某种“预感”，就是我会从现有的领域里“离场”。我总是能踏着互联网这些年的红利，或多或少捞到一些甜头，但是一旦我有退场的念头，那就证明这个市场已经全部商业化了，小白的企业和个人，完全没有机会捞快钱了！我每次有了新“预感”的同时，就会有件好事伴随发生，比方说这一次是出书。

出书，是我阶段性的总结，也是我人生一些重要时刻的记录。我不是一个多么有文采的人，但是我一定是你身边特别爱说的人，也是特别喜欢观察“人”和商业变化的人。我希望我的新书，可以让你明白短视频原来可以这么玩，视频号最少还能火三年。

2022 年 6 月 26 日陪跑日记【第二十八天】

你的脚本，你自己满意吗？我总是愿意给陪跑营的朋友们改脚本。很多人都愿意多表达，多写感受，但是听众更想听的是结果和有记忆点的内容。接下来我举一个例子。

文案一（修改版）

大家好，我是欣艾
你是否拿起来一本书翻了几页就看不下去
是否买了一堆书但其实也很少看
几次坚持读书但没多久就放弃了
我曾经和你一样
工作和生活忙碌，人生迷茫
想改变现状，却不知道如何开始

偶然的机会，开始和几位好友一起
开启了欣艾读书会第一期
从此读书改变了我的生活

不是我有多自律

而是一个人走得很快，一群人走得很远
12000 个小时，累计 800 位书友一起“读”过
在这里收获了一群志同道合的同路人
彼此鼓励和分享
体会到坚持读书的快乐
感受到一本书因共读而更加的多面和有厚度
能看到小伙伴坚持早起运动带来的奇迹改变

如果你也想改变现状
来加入我们吧
欣艾读书会
坚持早起 / 读书 / 运动
开始自律的生活
做时间的朋友
相信未来可期

文案一（金满铮修改版）

你是否拿起来一本书翻了几页就看不下去
是否买了一堆书但其实也很少看
几次坚持读书但没多久就放弃了
工作和生活忙碌，人生迷茫
想改变现状，却不知道如何开始

偶然的机会，开始和几位好友一起
开启了欣艾读书会第一期
从此读书改变了我的生活

12000 个小时，累积 800 位书友一起“读”过
在这里收获了一群志同道合的同路人
彼此鼓励和分享
感受到一本书因共读而更加的多面和有厚度

如果你也想改变现状
来加入我们吧
欣艾读书会

我是欣艾
做时间的朋友
相信未来可期

怎么样，你感觉如何？其实我做的就是把文案调整好，把时间控制好，好的作品一定要打磨很久才行。如果你的脚本也需要优化，欢迎找我聊聊，也欢迎加入视频号陪跑营。

2022 年 6 月 27 日陪跑日记【第二十九天】

你有逆向思维吗？或者你怎么理解逆向思维呢？我讲个故事给你听。

2 年前，儿子要上学，为了离学校近，我不得不在父母家附近租房子住。我开始跑各种房屋中介，但是怎么能知道房子好不好，底价如何呢？我猜大多数人都会跑 2 ～ 3 家中介比比价，各种左右均衡之后选一个。

可是我是用过去的营销思维来解决的，就是先找一个中介

公司，大摇大摆地进去问："我有房子出租，现在能挂到多少钱出？"于是一个年轻的中介小伙儿就热情地跑过来说："大哥，最近情况特殊，价格不会太高，而且政策变化比较快，看房也比较麻烦，还有……"

小伙子一顿贬我的预期，让我别太开心，房子不好弄啊。他给我报了一个相对低的出租价格。可是我不但不生气，反而很开心。因为我知道租房子的底价了。这就是我说的逆向思维！租房住，你可以用出租的心态谈谈价。

这样的逆向思维，你有没有应用过呢？

其实做生意，也是一样的道理，你有没有变通的思维，有没有解决问题的能力？今天收到一个需求，看似很专业很难搞，其实也很简单很有套路。

这个需求是如果有企业想做视频号陪跑，需要怎么合作呢？有什么需要企业提供呢？陪跑到底怎么收费呢？包括陪跑服务有什么结果可以提供给客户参考？包括你有没有案例？

而最后的需求是：金满铮，你能不能出个调研表呢？

你没听错，我的培训合作方给了我一个需求，让我写一个陪跑合作调研表！

换个话题，你要是做这个表格，你该怎么办呢？我先说说对接人的解决方案，她还是先上来去找调研表的网站，看看有没有类似的表格，或者找一些内容来参考。结果被我一句话否定了。对方很失落，又很耐心地请教我怎么办。

我正好在辅导晴天写作业，就说："我可以选用填鸭式的方式教育我儿子，但是工作上我只教逻辑不教结果，因为我教结果会很贵！"儿子在旁边笑，问我什么叫填鸭式教育。我说，就好比我告诉他，他要喝水，然后让他先张嘴，然后把水壶打开，拿起壶往嘴里灌，还要抚摸他的肚子，还要说，儿子往下咽，一口口咽，别呛水！

我需要这么教我的对接人吗？肯定不会。我的答案是用一个工具和一个关键词。我给对方提供的工具是百度，提供的关键词是“短视频代运营”。

怎么样，你有答案了吗？如果没有，想想我前面说的租房子的故事吧，如果我不会做表格，想想有没有人会做这个表，有没有人会填这个表？所以我的答案是，如果我们是卖方，能不能先转化成买方思维去找找答案呢？就上面这个案例来说，短视频代运营公司一定有很多吧，为什么不从这个角度想想办法呢？

2022 年 6 月 28 日陪跑日记【 第三十天 】

马上放暑假了，你打算带孩子去哪玩玩呢？我猜这个话题肯定困扰着很多的妈妈。我的建议是出去走走，别再上网课了，也别在家玩手机了，能去看看大自然，就多去跑跑跳跳，能玩水就去玩水。

是不是我的话题，能让很多人看下去呢？那接下来，我会问，像我在北京，想去河南洛阳看牡丹，我应该更想听什么内容呢？我的答案是，第一，出北京的政策是什么。第二，到了洛阳的防控政策又是什么。第三，去洛阳选什么交通方式最好。第四，到了洛阳应该去哪玩和吃什么。

接下来，如果有一个洛阳的本地朋友给我推荐，是不是更靠谱呢？她可以给我很多建议，包括可以带我去玩，那样我会更省心。那如果这个朋友还告诉我，洛阳的 7 月份的天气如何，应该如何注意防晒，或者穿什么衣服更适合玩水，或者穿什么衣服适合拍照，我是不是更开心？

最后，她再告诉我，她能教我如何利用好我带的拉杆箱的现有空间，多装一些我和孩子的衣服，我是不是会更开心呢？要是这个朋友还恰好是一个整理师，那就太完美了，对不对？

我们陪跑营22号的朋友，霖桐老师就是这么一位优秀的整理师，刚才所有的问题她都能帮我解决，因为她就在洛阳，还是一个3岁女孩儿的妈妈。

你是不是觉得我在做广告？不，我是在告诉你，我如何拍一段视频，把“你想听的，你听得进去的，你可以说的，你特想说的”四个部分表达出来。

霖桐老师的视频播放量还是可以的，不过如果只做整理的话题，会很容易枯竭，但是嫁接别的领域，就会有无限的内容可以输出。根据我跟她的沟通，知道她做国内旅游10年，有个3岁的女儿，我帮她想了2个选题方向。

1. 亲子整理话题：

女儿3岁要不要开始学家务？

妈妈最该教女儿的事是什么？

妈妈该怎么教会自己女儿叠衣服呢？

8岁的儿子要不要开始整理自己的衣柜？

为什么爸爸叠出来的衣服都有“将军肩”？

2. 旅游话题：

出门旅游该如何整理你的拉杆箱呢？

去山区玩该怎么带衣服呢？

夏天来洛阳玩，你要不要带防晒衣？

我只是随便提了几个建议，我告诉她，想让自己比同行厉害，就一定要让外行认可你！这句话，希望你也能反复理解。

2022 年 7 月 01 日陪跑日记【第三十一天】

今天晚上的直播还算顺利，也给听众们解答了有关视频号的各种疑惑。接下来我就给你们看看我是怎么说的。

1. 视频号是不是按照内容进行分类，封面风格等其他方面怎么确定呢?

可以把视频号当作展示自己的平台。内容可以很生活化，也可以很专业。分类一定是加分项，风格统一也是好事。我理解的视频号就是视频化的朋友圈，并不是抖音和快手这样的 APP，所以只要围绕你和你的受众拍就行。

2. 为什么视频号里的视频他们看了不点赞?

你平时都会为什么视频点赞呢? 我的答案就是三种：烧脑的干货，“无脑”的娱乐，实时的新闻。其实视频里包含的内容有很多，比如美食、旅游、运动、游戏、音乐、汽车，等等。别人不点赞，主要就是两个原因：一是觉得你的内容对他无用也无趣。二是基于社交压力，不方便给你点赞。视频号不同于抖音，基于关系社交，我们可能是同学、朋友、客户、亲戚，所以你认识我，但我不一定喜欢你喜欢的内容，对吗?

3.IP 是什么意思? 是指有性格特点的人物吗?

这个是可以拍成一个视频的话题，我再强调一下，IP 用书面语来解释是知识产权。《三国演义》是 IP，关羽不一定是 IP。但是你把关羽的内容做成了一部新的剧、一件衣服、一个游戏皮肤，这叫作 IP 变现，或者 IP 的延展和再创作。我们不要把 IP 和人设弄混，我不是 IP,《众筹很盲》和《我很在行》是 IP。我们每一条作品本身都是IP的内容，我们都是IP的输出者和归属者，企业可以做IP，我们个人也可以做IP。人物特点是人设里的表达，您可以说是有槽点，或是有亮点的人设。

@晴天讲段子的人物设定标签

4. 不同风格的视频可以放在一个视频号里面吗？

我建议一个账号保持一种风格，但是随着你的内容升级和观众的喜好变化，你可以尝试多种拍摄和呈现方式。比如横屏和竖屏的切换，比如口播和演绎的转变，其实内容上也可以做跨界的升级。总的来说，你的风格可以不变，但前提是你的观众不会厌倦和产生审美疲劳。总之一句话，你的价值是给到观众和粉丝的，风格你可以定，别人也会左右你的思维。

5. 单个的视频风格无法满足数量要求，发送多种风格会有负面影响吗？如何降低影响？

我觉得可以尝试发不同风格，但是如果数据不好了，可以及时止损。影响不好的内容最简单的处理方式就是，隐藏作品，仅自己可见。

6. 背景音乐是否存在版权问题。

这是个好问题，我最近听到一个观点很认可，也分享给你听。

背景音乐有三重意义：第一，有的背景音乐可以让你的作品更有态度和情绪，让你的作品效果更好，品质更好，播放量更好。第二，背景音乐自身会有流量，平台推什么内容，你可以借背景音乐帮自己提升流量。第三，当你熟练掌握背景音乐的使用，或者它已经成为你的标签和记忆符号，那当别人听到某个背景音乐时就会联想到你，你也就正式跟某个背景音乐深度绑定了。

7. 拍摄时横屏和竖屏对流量有影响吗？

你想聚焦内容还是聚焦人物呢？如果是口播，做内容传播我建议横屏，观众会关注内容本身，忽略你的脸，这时你可以多利用布景来让观众联想记忆。但是如果你想聚集到你的人设上，你可以选择竖屏的满屏拍摄，毕竟近大远小，你的表情你的服装可能成为别人的槽点和记忆点。温馨提示，适度开美颜，也要注意好自己的表情管理，竖屏其实挺考验演技和妆容的。

8. 视频内容是不是应该都讲普通话？很多地方的方言是完全听不懂的。

方言是特色，普通话是标准。你可以有特色，听不懂可以加字幕。也可以说普通话，那你更要考虑台词的专业性和有趣性，不过方言自身会有流量，也可能很有趣。

温馨提示，字幕最好有点“性格”，展现位置不要放在视频最底端，可以尝试在人物脖子的位置。

9. 目前企业账号内容很分散，课程中也讲到说要分主题去发布视频，那么我们就需要运营多个账号，这样很费时间和精力，该如何去做呢？分主次吗？

多投入不一定有好结果，但是不投入肯定没回报。账号可以做成矩阵，也可以一个个内容开始尝试。对于主次问题，其实可以根据你的变现和做内容的难度来定。最后一个问题，你喜欢赛马机制，还是喜欢孤注一掷？如果你有团队有精力，内容赛道也很丰富，可以用赛马机制，看哪个账号先破圈。但是如果精力确实有限，那就好好做一个账号，玩明白就好。

10. 视频内容是否也需要注意广告法？

个人行为可以适度关注，企业账号行为一定要注意广告法。还是那句话：在没有成功之前，一切才华都等于零！所以说被人家告侵权，被别人举报违反广告法，要不就是你流量足够大，要不就是同行来找你麻烦。总的来说，你需要量力而行。

11. 视频内容拍摄都是由销售人员提供的，我们该如何去对其优化呢？

你有没有提供给销售人员对标账号和文案范本？销售就是我们的眼睛，但是他们拍什么，取决于你的大脑，要给参考，否则你后面优化的内容会很多。这就是为什么设计师总在抱怨写 ppt 提案的策划，因为一个是天马行空，一个是“女娲补天”。优化一定是在有设计的前提下去做，不要让素材太乱，否则后面修补难度很大。

2022 年 7 月 02 日陪跑日记【第三十二天】

陪跑营里的一家企业要做新品上市了，问我如何做线上推广。我给他们简单地做了下诊断和梳理，这里也分享给你。

首先做产品到线上推广，可以做硬广也可以做内容渗透。产品思维的人肯定喜欢推功能型卖点，但是做内容渗透，更喜欢讲感觉和观点，通过博主来种草植入。

无论是什么企业，只要没有新媒体部门，或者传统意义上的市场部，那就需要有专业的人来指导或者服务。很多企业想通过短视频来做宣传，最终都是尝试用网红或者自播带货来销售，而我的建议是先稳稳再说。

第一，好的产品从技术层面展示，无非就是迎来同行的指责和吐槽，真正的买家对产品的卖点可能会忽视，甚至不理睬。有人说过，在短视频里做得越专业，越容易被同行抄袭，真正观众的播放量会很少，原本想破圈，结果可能会给自己招黑。不是说黑粉就一定不好，但是你要有宣传的结果和破圈的可能性。

第二，如果线下技术和销售团队做线上推广，一定要换成用户思维才可以执行，之前的账号和内容如果不能爆发，最好重新起号或者开辟新的内容赛道。举个例子，现在很多电视台推出新综艺，都会给每个综艺重新开通微博账号、抖音账号，等等。这看起来有些“浪费资源”，但为什么要这么做呢？因为同一个平台受众群体也会分层，包括同一个网络视频平台，也会出不同种类的综艺，受众可能不是同一拨人。

第三，线下的卖点和线上的推广热点，可能不是同一件事！举个例子，我之前买小米手环，并不是因为它能记步、监测心率，而是为了来电震动。是的，线下的消费者可能有一波业内的用户和买家，而线上能帮你传播的可能是一群行业外的小白。我曾经跟这个企业说过，要想打败自己的对手，一定要学会让外行认可你。

不管怎么说，内容营销是一件有趣又复杂的事情，但是一旦做好了，既可以从企业方面得到信任，又能从大众流量里破圈涨播放量，是不是一举两得？！

我跟企业的负责人说，无论你的孩子要不要上北大清华，你都需要投入资金和时间，孩子才有可能得到结果，只是知道孩子很乖，但是不能正确的努力，什么都是浮云！人可以努力，但不能瞎努力。最后我给企业说了我打爆款的四个步骤。

第一，选好平台，平台代表流量和转化率，但最好聚焦一个主导。

第二，优化产品，重新在聚焦的平台打造卖点，优化展现，以及做内容种草。

第三，营销上市，可以找专业的团队服务，也可以自己的团队上，但是切记别瞎搞！

第四，投流复盘，投放适当的广告看效果，然后优化数据提升销售转化。

2022 年 7 月 05 日陪跑日记【第三十三天】

一定要在有鱼的地方捞鱼。

我们到底能赚到多少钱，我觉得有四个因素。第一，你的认知的多少；第二，你的能力的大小；第三，你的市场的体量；第四，你的努力的强度。

除此之外也可以是天时地利人和，风口和红利的说法都对。我是一个贪玩的人，偶尔也会放弃，但是我认准的一件事，一定会千方百计地弄好它，就算弄不好，我也要玩明白其中的百分之七八十。

视频号的课程也好，陪跑服务也好，包括我的新书也好，在现有的流量上推，其实都会遇到瓶颈。毕竟我的朋友圈影响力有限，能帮助我的朋友都帮完了，后续怎么办呢？所以我也开始想那句话："一定要在有鱼的地方捞鱼！"

我的这些内容到底哪里需要呢？淘宝上？抖音上？京东上？小红书上？还是百度和 QQ 音乐上？我在不经意间的思考中，找到了一个新突破口——知乎！

对，知乎是一个我很陌生的领域，它对于我来说其实是流量新入口。因为很多朋友是通过知乎平台的培训认识我的，那我为什么不在这个平台发内容呢？

于是我用一天的时间，把我前面的 30 多天的日记全部更新到了知乎上，很快就收到一条咨询学习的私信，你说意不意外，惊不惊喜？

我总是告诉大家，做视频号就要深耕平台变化，但是同时也可以分发到其他平台，只不过需要调整一下内容和标题。于是我就在知乎上在每个日记前面加了一个词——视频号运营干货！

发表了文章 2022-07-04 20:58

【视频号运营干货】金满铮视频号陪跑营日记第028天

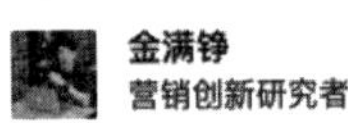

金满铮在知乎平台发布的《视频号陪跑营日记》

是不是很“心机 boy”？哈哈，我应该是心机大叔。不管怎么说，我们做视频号，就是要考虑在其他有效的流量上做引流，如果你的受众是女性粉丝，可以试试做小红书，如果是做电商的可以考虑得物、淘宝，等等。

我今天这个小提示，不知道有没有帮到你，多去尝试站外引流，也许会有不一样的收获。

2022 年 7 月 13 日陪跑日记【第三十五天】

该如何起号，又该如何养号呢？

起号和养号，已经成了很多小白在使用视频号之前的一个 重要问题，其实这也是我一直思考的问题。在抖音的平台上，有诸多大神教你如何快速起号，也有很多博主告诉你养号其实没有意义。我反问一个问题，你做短视频到底是为了红还是赚钱？

你会说红不就是赚钱吗？冲突吗？我回答是，红不一定能赚到钱，赚钱也不一定要特别红。某天看到有一个 39 岁的前百度员工上了热搜，对，他应该是在那一天红了，但是能不能赚到钱呢？你会说他那是昙花一现，是的，那你考虑过你在视频时代怎么办了吗？

我一直有个观点，做抖音就是“养儿子”，玩视频号是“疼女婿”。抖音一定是投入多，但是回报的确定性不大，因为竞争对手多，成功率很低。但是视频号是经营你的微信好友和朋友圈，信任成本低，更容易服务老客户，这就是我说的内容社交和关系社交的区别。

试问，如果我儿子晴天未来只能长到 175 厘米的身高，但是我想让他去奥运会拿篮球比赛的奖牌，我该怎么办呢？很多人告诉我，送他去美国训练，或者改变“游戏规则”，或者还有其他办法。但是我觉得太多的“建议”都不靠谱，因为我们的财力有限，自身的身体条件也有限。

那是不是就没有办法呢？好吧，我再重复一下问题：“如果我儿子晴天未来只能长到 175 厘米的身高，让他去奥运会拿篮球比赛的奖牌，该怎么办呢？”如果你脑子比较灵光，你可能会问我，一定要当运动员吗？是的，我只说要拿奖牌，我没说必须以运动员的身份拿奖牌。

怎么样，答案出来了吗？想要一个结果，过程有很多种可能性，必须找到一条最靠谱的办法。比如我儿子特别喜欢篮球，他可以进修学习成为篮球教练；或者给外国教练当翻译；或者他可以做助理教练；再或者跟他妈妈一样去学医，成为队医一同赴赛。条条大路通罗马，就看你会不会选，有没有这么大的脑洞。

说说起号吧，其实我的办法很简单直接，就是把行业里和跨行业里的内容收集起来，然后对标账号，对标表达风格，对标台词，来做一个小爆款。无论您是在哪个平台，被验证过的爆款，一定还会有机会再爆！

起号，需要勤奋和坚持不懈。大量地看内容，大量地拍内容，大量地剪辑内容，大量地学习别人的运营方式去运营内容。记住我说的，“大量”！其次就是懂得坚持，一遍不行就拍一百遍，一百遍不行就拍一万遍，总之你付出了多少努力，一定会收到相应的回报。

关于养号，我想重点说说。很多博主都说没必要在平台先去关注别人的账号，看看作品，点点赞什么的，我觉得在视频号的世界里，确实没必要。

但是你发完作品，要不要“养”呢？我的答案是肯定的。无论是正常地发朋友圈，还是群发到微信群，或者点对点地发给好友，你都要学会“养”，至少保持你的前台的转发数据没那么差劲。

在我看来，养号就像疼姑爷，结婚那天人家叫你一声爸，后半辈子为了女儿也要对姑爷好一些。我做视频号已经3年了，我每天都在维护我的微信好友，也在把我有价值的观点和知识分享给大家。这就是我对我的“姑爷”的疼爱。巴菲特说：“最好的致富方式，是慢慢变富。”

2022年7月15日陪跑日记【第三十六天】

暑期“神兽归笼”，杰伦发新专辑！

今天有一个坏消息，也有一个好消息。坏消息是晴天正式放暑假了，好消息是周杰伦正式出新专辑了。其实坏消息也没特别坏，你可以理解晴天可以发更多的作品了，我们的暑假生活即将开始。孩子的快乐，可能就是玩玩具，吃零食，干自己喜欢的事，简单直接。

好消息是周杰伦终于出专辑了，我也买了数字版。其实我之前录过一个作品，还上了小热门。你知道为什么会上热门吗？其实就是我欲言又止，让网友们可以无限发挥来喷我，这就是网络，也是流量密码。说实话，你期待周杰伦发新专辑吗？不管你期不期待，你可以听听晴天怎么说。你看哭了吗？我反正哭了，沉默了很久。

是不是我最近太容易哭了，还是因为总在拍段子，调动情绪的能力变强了呢？作为一个营销的讲师，我想从周杰伦的角度给你解读四件事。

第一，什么是流量密码？周杰伦的歌曲就是流量密码，想想刘畊宏的跳操就知道了。音乐就是短视频的灵魂，因为段子不能循环，但是音乐可以。所以好的背景音乐也分层，可以自带流量。

第二，什么是广告效应？就是持续发布一个内容或者一个产品，刷存在感，让大众看到，再从目标客户里下手，转化流量。不是你的广告没用，可能是你发错了地方。我刷了一早晨周杰伦，很多人也在问我要不要买？我的回答是："别太期待，但它也不会让你失望。"这就是数字专辑的魅力，也是周杰伦的魅力，同样是广告效应，也是羊群效应。

第三，什么是内容变现？周杰伦这次的新专辑伴随了很多相关产品也在卖！不信你看看！

所谓的 IP，就是能把与周杰伦相关的东西与新专辑捆绑起来售卖，如果你是粉丝，可能会这么做，但是你觉得我会买哪个呢？答，我还是老老实实把钱留下来，给晴天买奥特曼吧！

第四，什么是底层逻辑？周杰伦其实是80后一代的青春。我们从社交到游戏，从网购到团购，从直播到子女教育，所有的钱都花在了各种APP里，我们这黄金一代的消费力，其实还没走，互联网的消费红利还在，只是我们这些主力的消费区域在变化，我预测未来5年会火的一定是养老和大健康，因为我们不再年轻了。

所以说，底层逻辑就是网络消费者的关注点在哪？消费品和流量就在哪，千万别造风，只要追风就好！

2022年7月19日陪跑日记【第三十八天】

你要是老板，敢不敢把员工给捧成网红？

昨天我的营员问我，老板让她重新考虑做视频号的目的和投产比，于是她也来问我，到底要不要推员工，员工要是红了会不会把流量和粉丝都带跑了？

你会问我，我又不是老板，我怎么知道？那我们换个话题聊聊吧！

不论你未来生的是女儿还是儿子，都会遇到一个问题，你要嫁闺女或者娶儿媳妇，对吗？那么你能保证他们的婚姻一定能走到头吗？或者你自己的婚姻现在如何呢？

你会说，公司的老板和员工不是夫妻和父子这么简单，是不能拿家庭关系类比的。但是我想说，好的员工你拿什么留住呢？是画饼还是拿钱？画饼的办法肯定不灵，毕竟谁也不傻。给钱，你到底有多少家底可以养得起有才华的下属？我的建议是共赢，可以给他们机会，让他们成为自己，而不是你的左膀右臂。所以遇到上面这种情况你可以选择投资占股份，也可以扶持他们一起做大做强。

我说句公道话，你培养的每一个“准”网红，都是在给你自己长经验，可能是带人的经验，可能是选人的经验，也可能是判断趋势的经验，总之你不会吃亏的。换个角度看世界，你也许活得更通透。

我一直是公司的“网红”员工，我的外向让很多客户都能很快把我记住，我也服务了很多企业，得到过他们的好评，但是我会不会因为这些就跳槽呢？答，也会，而且跳得还很不错。所以不要强求一段合作关系，不论是员工老板，还是企业，毕竟大家追求的就是利益。

对于培养员工拍视频的老板，我也给三点建议。

第一，员工都是来赚钱的，不是跟你玩心眼的，你培养是给彼此机会，先君子后小人，做好风险规划。

第二，做视频是给你做新的渠道推广，一定是“得大于失”的，不投入新的领域，你迟早会在自己的领域里慢慢枯萎。

第三，时间和金钱是最好的评判标准，所以要拉开了看，不要浅尝辄止，有钱就做，没钱就不要借钱做了，毕竟你的心有多大，你自己最清楚。

2022 年 7 月 21 日陪跑日记【第三十九天】

表达清楚自己，真的很重要！

有营员找我想点子，有营员找我改脚本，有营员找我剪片子，还有的营员找我吐槽，其实大家的问题，同样也在困扰我。我到底该拍什么，我到底该怎么优化文案，我到底该怎么剪辑视频，让它有共情力？

我说过解决问题之前，先解决情绪，你有解决情绪的能力吗？我想说，我的方法就是抑制自己的负能量，通过看笑话和哭来解决。是的，你没听错，哭是一种很好的释放情绪的方式。你说，我哭不出来，那我的建议就是听听老歌，看看老照片，实在不行看看自己的走样的身材或者银行的余额。

回到我今天想说的内容上，表达自己很重要，说得清楚更重要，那怎么说呢？我建议还是用数字化、利益化、背书化的方法。昨天，在行 APP 上接到一个约谈，我问我的咨询者，能不能用三句话介绍一下自己，结果对方的答案很笼统，我也不是很满意，于是我就给他打了个样。

我的三句介绍是，我是众筹小王子，3 年内在京东平台上做出了 1 个亿的销售总额。我也是京东平台电商实战专家，曾获得过蓝带讲师的身份，并且与京东官方一起撰写了畅销书《京东平台视觉营销》。我同样也是在行平台上有近 200 单约见、9.9 分的行家，在众筹话题里排行第一。

你看到了吗？我的每个介绍都有数字：3 年、1 个亿、200 单、9.9 分。利益：销售总额、畅销书、排行第一。背书、京东、在行。你表达的时候也会像我这么“有心机”吗？

我从来不去强调我什么时候开始赚到第一桶金，我也不会强调我有什么公司的从业经历，更不会一上来就承诺对方我的能力给他带来的效果。我会用语言循序渐进，一点点吃透对方的痛点，然后再慢慢给出良药。而我的良药就是我的点子，我的解决问题的思路。你会说点子不值钱，我特别同意，但是能解决你的问题，点子就特别值钱了。

再强调一下，表达自己的3个要素：

你是谁？

你干过什么？

你能给我带来什么？

2022年7月23日陪跑日记【第四十天】

有人设的账号，才有机会变现？

我看到很多大账号陆陆续续都在接广告，让前台数据变得如此真实。我不是很伤心，而是替他们迷茫。

不论是视频号还是抖音，你只要考虑变现了，说明你成功了一半。但是变现到底靠什么，你有没有想清楚呢？我先说说变现的3个方法。第一，靠带广告；第二，靠直播带货；第三，靠培训或者咨询，线上服务。

你在做这些事情之前，有没有考虑过视频号和抖音的差别，以及人设的重要性呢？根据我的分析，视频号和抖音最大的区别就是用户的预期和结果不同。抖音是让你快乐的，视频号是接受内容的。直到今天，我还是觉得抖音的快乐是你主动寻找和期待的，而视频号出现在你的微信朋友圈，各种微信群，一对一的聊天对话中，那就是说你不是主动想看的，也做不到“刷”这个动作。不信你回想一下，你会持续“刷”视频号吗？也许你会说有人不喜欢刷抖音，或许就是喜欢刷视频号，因为他想找自己想要的东西，当然这种情况我们也不能排除。

两个平台存在区别，就会导致大家对视频内容本身的要求也会分层。比如我在抖音里就是想找段子，看自己喜欢的篮球、游戏等等。视频号里我就是想看看身边人有没有变化。这恰恰印证了我经常说的两个词，对内容的兴趣和对博主的兴趣。

看重内容的博主一般都有很多好内容，但是不会特别设计自身的形象、特点，而你会关注他说的内容本身，比如鸡汤啊，新闻啊，或者一些行业知识和内容，我觉得这些博主更偏向技术型或者专业型。说实话，这样的博主一旦带货，效果那就是“车祸现场”！因为你看重的是他的内容，对于他的脸、他的服饰，甚至他用过的生活用品，你不会那么关注。

看重博主，其实就是有人设的打造，喜欢他的内容的同时，也喜欢他所有的变化。

做个比喻，陌生人社交是高速公路，熟人社交就是高速公路辅路，陌生人的流量更大更快，一旦走好了效果更好。但是你错过了入口，如果没上高速，走辅路慢慢前行，你也会达到终点。所以不要苛求每一个熟人给你点赞，你努力了就好。

2022 年 7 月 27 日陪跑日记【第四十一天】

人与人之间有多大的差距呢?

视频号：@金满铮 和 @晴天讲段子的官方数据认可

先上两张图片，你从中看到了什么？

同样是两年多的时间，为什么我的两个账号差距会那么大呢？我今天好好跟你分析一下。

今天下午“@晴天讲段子”的视频号后台收到一条官方的私信，内容就是你上面看到的图片。官方鼓励我内容总点赞数破了 5 万，我看了觉得好尴尬。视频号玩了两年多，800 多条作品，不到 4000 的粉丝，这样的成绩是不是有点惨？

我是一个讲线上营销的讲师，晴天的这些数据真的就算是个素人，也没什么值得炫耀的，可是这背后的每一个作品所付出的努力，还是有很多感受可以跟大家说说的。

平台风口来了，我们该怎么去追呢？

我是最早一批玩视频号的民间博主，这意味着我比很多人提前看到了这个平台的红利和入口的价值，我也在不断打磨自己的内容和输出的方向，而我也慢慢地走到了迎合平台和坚持原有赛道的分岔路。

平台起初没有那么多搞笑段子的账号，特别多的是大佬讲经验和口播讲知识的内容。我在理解微信社交玩法的逻辑后，还是选择先做亲子搞笑，后做知识分享。

我不是一开始就坚持日更，但是随着大家一起做视频，建立了“日更联盟”，我就把做视频变成了生活中的一部分，不论是我自己的账号还是儿子的账号，我几乎是看到什么就拍什么，拍完了就在最短的时间剪辑出来，保存起来在合适的时候发出。

过去我都是秒发朋友圈，现在我能做到分分钟发视频号。把某一种能力变成肌肉记忆，熟能生巧之后，你离赚钱的能力就更近了。

2021 年，晴天的数据一路飙升，特别是在 10 月份的时候破了播放量 200 万单条的纪录。这样的结果让我信心百倍，但是粉丝的数量没有大幅度增加，账号的整体影响力没有暴增，是不是我努力的方向还是有问题呢？再加上偏知识分享的“@ 金满铮”的数据始终做不起来，于是我开始进入新一轮的焦虑期。

在视频号平台变现也好，做数据也好，如果都没有结果，我猜很多人都会放弃了，而我还一直苦苦坚持，这是为了什么呢？答案可能只有我自己清楚。追，不能放弃，直到有结果，我们再打算下一步。

做了短视频的内容，我有哪些提升呢？

第一个就是镜头感吧，面对镜头，我把怎么表达自己，怎么用表情传递情绪，还有就是一些课堂上可以讲给你听的段子，好好熟练了一下。

第二个就是理解文案的精简性，去掉佐料，用最有趣和最有用的语言，干净利索地表达出画面需要的内容。说话和口播视频真的是两件事，你只有拍过了才知道。

第三个就是让我理解了更多的人性，认识你的人，不一定给你点赞；不喜欢你的陌生人，大多数会来骂街。说跟别人有关的话题，就是共鸣；说自己牛的事情，就是自大；说自己悲惨或者励志的过往，就有点赞。

视频号给我哪些额外的觉醒呢？

短视频不是一个人的全部，但是依然会成为媒体的主流，企业不做视频，就有可能被消费者遗忘，也会与做短视频的同行拉开距离。

短视频救不了所有的人和企业，但是能冲出重围的，一定是未来 2 ~ 3 年的强者。

视频号不会取代抖音，也成不了短视频一哥，但是视频号的位置未来会举足轻重，原因就是微信这个APP无法被取代。

所有的营销需要用短视频的方式，再重做一遍，除了底层逻辑不变，展现形式、表达风格、产品介绍、用户体验、售后服务，全部需要重新打磨！

2022年7月29日陪跑日记【第四十二天】

短视频的“宝藏圣地”是评论区。

你喜欢点赞还是喜欢评论？互联网上有很多有趣的词，今天我就跟你聊聊“神评论”和“键盘侠”。

当年在新浪工作的时候，就听说过“神评论”，当年好像叫“神右”，现在我也记不清了。只记得意思就是第一个回复的人，原内容右边的第一条。这样的段子有很多，简单地说就是内容出现明显的反转，可能会好笑！

那到底给谁评论比较好呢？我有一个策略就是截流量。截大咖的流量，截网红的流量，截你的对手流量。手段看似“低俗卑鄙”，但是流量为王的年代，谁不想多一些关注和粉丝呢？

我有一个技巧和原则，不去diss任何博主，但是可以用不同的角度解析你的观点。因为每个人都有认知偏差，也会有不同的观点。我今天就给某一个大师做了一个评论，灵感来自呼兰的脱口秀。

具体的内容我就不说了，但是我想告诉大家结果是这样的，我没有觉得博主说得不对，我只是想从另外一个角度说说自己了解的观点和看法，结果我的评论得到了很多网友的点赞，怎么说呢？其实我就是用了上学时的一个“好习惯”——“接下茬”。

我也被很多人骂过，说明你有能力被很多人看到。我也被很多人喜欢，收到过无数的点赞和正能量的评论。所有的事情都是有因果的，只是你看不到，或者还没等到。

老祖宗有很多事都给我们讲明白了，只是大家没有看明白。要想火，就别怕别人说，人怕出名猪怕壮。你做对了就抿着嘴乐，你做错了也不要大声地哭。

对于键盘侠，其实我们每个人都是，也都不是。你难道就没有评价过明星或者身边的人吗？但是，我们大多数人不会主动攻击别人，毕竟多一事不如少一事。

我现在每当看到键盘侠的时候，我的第一反应不是回怼了，而是先说："您说得对！"然后你觉得对方会怎么回复呢？至少他的情绪得到控制。每个人的时间都是有限的，在有限的时间内做你觉得自己该做的事就好。回怼，你可以理解是在表达。不回怼，证明你有更多有意义的事情要做，认怂或者接受，说明你活明白了。争强好胜，最终吃亏的是谁，一定有答案的。

第七章 晴天篇

为什么孩子的小名叫晴天?

7 岁的晴天

有很多关于晴天的故事可以讲给你，我就从他的名字开始吧。

晴天是他妈妈给他起的小名，寓意是晴天娃娃，就是日本动画片里《一休哥》里的那个挂在房梁上的小玩偶。在太太没有怀上晴天之前，我的工作一直很忙碌，总是全国各地出差，给企业讲解如何做微博营销，所以生宝宝的计划总是一拖再拖。

奇怪的是，我去哪里出差都会遇到下雨，不管是大雨还是小雨，同事们爱称我为“金敬腾”。晴天妈妈是一个特别爱旅游的人，每次出门也会遇到一些奇奇怪怪的事，比如去欧洲玩，人到了箱子没到等等。

在 2013 年的夏天，我跟当时的领导申请了 7 天的年假，带着太太去了一趟香港迪士尼。我们在去之前查了一下天气，连续 5 天小雨。但是当我们落地香港之后，所有的阴雨天好像商量好一样，都“放假回家”了。我们又是逛街又是逛游乐园，直到我们坐上回程的出租车，天空才有一点点阴霾。总体来说我们玩得很开心，心情和天气一样好。

这一趟旅行，真的让我感到意外，被称为“雨神”的我，一点雨都没有见到。就在我们回家之后的一周，发现太太怀孕了。可能这个“小宝贝”也陪我们好好转了一趟香港，保护我们没有淋到一点雨。当我们把这个好消息告诉亲朋之后，大家都觉得，是这个孩子给我们带来了福气。

我们就用这份福气，和期盼每天出门都是好天气的心愿，给我们的孩子取了小名：晴天。起初我们都感觉晴天是女孩儿，第一，我比较相信机缘；第二，我好几次梦到是女孩。所以当时我给晴天准备了很多女孩儿用的东西，还用两个带有草字头的字给孩子起了名字，毕竟晴天出生那年是马年，有草吃的马，跑得快，长得壮。

此外，周杰伦有一首歌，也叫《晴天》！

为什么女儿“变成”了儿子?

我当时总感觉这个“女儿”是来帮我的，让晴天妈妈这么大脾气的女人，变得如此温柔和心态平和。准妈妈都会遇到很多的挑战和不方便，但是晴天妈妈真的都可以一一解决，而且很多都能亲力亲为，或许这也与她的职业有关吧，晴天妈妈是一位心外科的护士。护士其实或多或少有一些便利，比如产检比较方便，也比较了解医院的规章制度，这让她很多事情都解决得很从容，也没有过分的焦虑。

就是由于太太有这种优势，小道消息及种种迹象都告诉我们，晴天是女孩。时间来到了2014年的5月，我们开始倒计时了，根据我和太太的研究，预产期落在金牛座和双子座之间。我和太太都希望能在双子座第一天就把孩子安全地生下来。

待产当天，我和太太住的是“豪华单间”。我们从白天一直等到深夜子时。当产房传来喜讯的时候，我和晴天的爷爷奶奶姥姥姥爷，一下子就把护士团团围住。护士喊着太太的名字，寻找家属，那一刻我们都太激动了。我记得我是第一个冲过去的，对护士说：“我是，我是！”护士戴着口罩看了我一眼，“您看一下，母子平安，男孩！”

当我听到男孩的时候，感觉就是“一个晴天霹雳”啊！我的内心独白是：“怎么是男孩，说好的女儿呢？”我第一眼看到晴天的时候，就一个感觉，太像妈妈了！小家伙紧紧地闭着眼睛，也没有大声地哭。我隐约记得，我妈妈和丈母娘都激动得流了眼泪。两个老爷子是太开心了。

我印象最深的，是给我最亲的表姐打电话："姐，生了！"表姐问孩子像不像我，我说太像妈妈了，但是是个男孩儿！表姐在那头也蒙了，追问着："不都说是女孩吗，怎么是小子了？"我还没解释完，手机信号断了。我又拨通了表姐的电话，"姐，你没听错，是男孩！我想去你那上班，我要多挣点钱了！"

跟表姐通电话的情景，我这辈子也不会忘掉，因为晴天，我重新选择了人生跑道，推翻了所有的事业和工作，从头再来！还有就是，晴天大名叫什么呢？

为什么晴天的性格随了我?

我小时候在电视上看过一个小品，台词里说孩子第一次睁眼看到谁，未来长得就像谁。虽说是个笑话，但是我一直记在心里。晴天出生的第二天早晨，就睁开了小眼睛，偷瞄了一下这个世界，就这一下，我们彼此看了一眼。后来，我总是对晴天妈妈说，儿子就算现在长得像你，但是未来一定是我的样子，因为他“第一眼”看的是我!

每个孩子在月子里都不算好看，晴天也不例外，毕竟还没长开，皮肤皱皱的。晴天在上幼儿园之前，我还是照样忙碌，照样学本事赚钱。晴天的性格算是慢热型，对陌生人没有很外向，但是对熟人总是能逗得对方哈哈大笑。他在咿咿呀呀的时候，就喜欢说，后来会说话了，就愿意听我说话，我们爷俩说话就像说对口相声。

晴天是一个爱说的孩子，他所有的表达，都源自他妈妈给他从小培养了爱看书的好习惯。

喜马拉雅上有很多我们一起讲故事的音频，晴天也很热衷于录内容，讲述他心目中的英雄，包括他喜欢的大反派。没有剧本就自己编，只要一部手机，我们就能录上半天。或许就从那一刻开始，晴天的表达欲望一下子就被我激活了。晴天愿意对着镜子说话和唱歌，也爱笑，有时候也挺没谱的，不过所有的“小演员”都是一步步培养和训练出来的。

晴天没有太多外面的朋友，每次出去玩，都是跟他最好的两个小妹妹一起玩。这两个小妹妹是太太同学的孩子，巧了，其中一个也是双子座。不过这个双子座，社交能力比晴天厉害太多了。我就是希望未来晴天在社交上别出现太多问题，才开始让他接触拍段子的。而讲到做视频号，我就不得不说说晴天的其他爱好了。

为什么说晴天是个“吃货”呢?

萌萌的晴天

晴天从小就是一个嘴很壮的孩子，从来不缺嘴，也是吃什么没够的主儿。最突出的就是他极爱吃水果，我给他起的外号叫“水果杀手”。跟着晴天一路成长，我也吃到了很多“不明觉厉”的水果。特别是一种我之前没有见过的——“牛油果”。我吃牛油果都是托了儿子的福，没想到晴天现在长大了反而不爱吃了。

晴天每天最少吃三顿水果，我们也变着花样给他准备。也许是金牛座的特性，晴天每次吃完了都会问：“姥姥，我爸爸没在家，给他留了吗？”每当我下班回家，看到桌子上的水果，我总觉得有一个惦记着我的儿子，还是挺幸福的。

其实“吃货”不是个贬义词，而可能是成为一位优秀美食家的入门阶段。你会发现，我总是在晴天吃水果的时间拍摄作品，原因就是那时候他最放松，而且时间也宽裕。他每次边吃边拍，台词总是讲得不清晰，穿着有时也过于随意。你可以理解是还原生活场景，也可以理解这就是孩子本身的天性。不是专门的演员，没有太多的方言，他的表现力，我已经很满意了，只是有时候我觉得可以更好。

晴天有自己的世界，也有自己的爱好，比如搭乐高、画画、听故事，而我跟儿子共同的话题就三个：玩什么、吃什么、拍什么。

直白点说，晴天用吃的状态进入画面，其实可以给很多的企业做植入。我在这要感谢所有给我们寄来食品的客户叔叔、客户阿姨们，没有那么多好吃的，我们的内容也没那么有意思。这些好吃的就是我们选题的方向，有了方向，我们就可以有目的地进行创作了。

为什么晴天会愿意跟我拍段子?

晴天拍段子其实是被动的，也是无奈之举，这一切都要从他上幼儿园大班开始讲起。时间回到2020年春节后，晴天开春就要上大班了，但是疫情的突袭，让我不能出门讲课，他也不能去幼儿园。我们只好在家上网课，我陪儿子的时间就多了。

我带晴天上课，其实也很无聊、很迷茫。首先不能出去讲课挣钱，其次是没事做，在家刷短视频看得最多的就是搞笑段子。于是我心生一计，不如从拍知识、拍北京话，改成拍段子吧。

我拍摄段子的计划，总是被晴天一次次地打断。有的时候，我刚进入佳境，就被他喊："爸爸，您要是不来吃水果，我就把姥姥给您留的都吃了啊！"你说我来气不来气。后来我想，既然他总给我捣乱，还不如拉他下水。我一不做二不休，直接把讲述晴天的段子，变成我们一起拍的内容。

早期的作品，台词都是我在讲，而他主要是把最后的包袱抖出来，哄自己一乐。结果没想到，很多段子，他演绎的部分比我还出彩。于是我就开始大量寻找适合我们爷俩拍的内容，进行一轮一轮的改编和拍摄。

2020年4月13日，我们在视频号上发布了第一条作品，那效果，真的比朋友圈还惨，295个播放量，9个点赞。其实那段时间，很多人还没有开通视频号，也没有看视频号的权限，这个平台真的算是一片“荒地”。也就是在没人看、没人理，平台还没有流量的状态下，我们开始了默默地“耕耘”。

晴天在不到半年的时间里，随着视频号的成长，锻炼了自己的表达力；我们也从几百播放量，蹿到过一万播放量。到了夏天的时候，突然有一条暴涨到了10万播放量。更没想到的是，就在晴天正式上学校之后的第一周，一次发烧让他“光荣”地带病上岗，拍出了第一条破圈的作品——《什么是幸福》。

一切的因都会带来相应的果。我拍晴天的段子，不只是为了我们父子两个开心，同时他也在帮我做短视频素材和案例。毕竟，不能出去讲课的日子，我要抓住一切可以学习和实践的机会，让我们都变得更有意思。

为什么晴天拍了段子之后更黏爸爸了呢?

很多朋友都佩服晴天的背台词能力，其实我也解释过很多次。晴天很少背台词，基本上是我先把拍摄的段子让他看一遍，然后就我一句，他一句地开始演了。至于晴天拍完视频后更黏我，我从下面的几个小问题中找到了答案。

问题一，晴天喜欢讲故事，谁是他的第一听众呢？（初级问题）

答案很简单，我是他的第一个听众。我从他很小就培养他讲故事，带着他录音频，所以他很享受讲故事的感觉，也不断拓展着自己编故事的能力。这一切都是从凯叔和大量的图书中获得的，而这些需要大量的输出和练习，我就顺理成章地成了他忠实的粉丝。他爱讲，我爱听，所以他就越来越黏着我了。

问题二，晴天拍视频有什么动力吗？（进阶问题）

晴天每次拍视频都是在帮我，而不是我命令他。所以我会根据他的兴趣点和主动性来完成每一次的拍摄。他最大的兴趣点是玩乐高，主动性是拍视频能让他获得更多的乐高玩具。因此我设置了一个乐高基金，作品只要数据优秀，也被企业喜欢，甚至被我应用到课程中，我就会拿出200元现金，奖励他买乐高。

问题三，晴天为什么喜欢黏爸爸呢？（终极问题）

晴天黏我的终极答案是我已经成了他最好的“战友”，我们一起玩植物大战僵尸，一起三国杀，一起录段子，一起画画，一起惹妈妈生气。我问过儿子，每天放学最希望看到谁来接他。他没有犹豫就说是爸爸！我问他为什么，他说因为可以跟我聊天。交流、聊天、拍段子、玩游戏（不只是手机游戏），已经成为我们最好的生活方式，感谢视频号。

不论是因为晴天本身就爱说，还是因为可以得到“乐高基金”，还是因为可以跟我一起玩，我所有的努力，都是希望我的工作里有他，他的生活里有我，而我们共同拥有的是，成长中的快乐。

一对欢乐的搞笑父子

最后的话

从 2019 年到现在，视频号发展了几年了，它未来会变成什么样子呢？先说我的观点，我认为：“视频号，你‘大叔’还是你‘大叔’！”

视频号到底谁在玩？

我玩了三年时间的视频号，发现真正在做内容的博主其实都是互联网的中年人。他们大多成了视频号圈里的头部大号，而这些所谓的头部大号也都是行业里过去的精英，或者垂直领域里的大咖。但是我这里说句真话，所谓的精英和大咖，基本上是行业里二流或者是过了期的“网红”。这也就是我为什么说，视频号里的头部，都是大叔的原因了。

想想你第一次看到的视频号博主是谁？他的内容又是什么来着？我来说说我的答案，不一定跟你一样。我最早看到的视频号都是公众号时代优秀的内容博主。我看到太多人出来讲创业、讲人生、讲中年危机。而后来慢慢就看到各路大神开始讲怎么做视频号，开始做社群，开始卖课了。

你肯定也看到过很多女士在做视频号，在我的视频号世界里，大多是 35 岁以上的女人在告诉你，该如何爱老公，该如何爱自己，该如何创业，该如何如何……为什么她们爱“教育”别人呢？答案放在后面讲，你继续听啊！

总结一下，视频号的主流博主都是以有社会阅历、有生活经验，曾经成功过的男神和女强人为主。

视频号到底主推什么内容?

如果你知道了头部账号的博主是谁，你就知道TA们会发什么。给你灌鸡汤，教你做人，卖你知识，你会买单吗？不管你会不会，反正我不买单，因为都是老生常谈，谁都能一眼看穿对方的想法。但是问题来了，为什么这些内容成了主流，而不是像抖音和快手一样都是娱乐的、歌舞的、游戏的内容呢？很简单，做娱乐的博主没来，你想看也很难。但是你也会反问我，你不就是做段子的博主吗？那你太草率了，我的目的其实不是讲段子。

视频号的出现，在我看来就是在帮朋友圈抢回失去的用户流量，因为抖音和快手占据了太多的线上用户的时间，如果“企鹅”不能把用户拉回来，那朋友圈营销、小程序、公众号都会面临有内容没人看，有货没人买的尴尬境地。所以你看到的视频号内容，基本上是微信转发给你，或者群里分享出来的，甚至是有人在朋友圈里刷屏的。

视频号很难让用户沉浸，因为你获取到的内容是碎片化的场景，而且不是根据个人喜好推荐的，是你被动接受的内容。所谓沉浸，就是你可以在一段时间内，持续关注流量内容而忘了时间。抖音确实是一个“时间杀手”。这里要提到一个知识点，关系社交和内容社交。关系社交就是基于用户相互的关系，可以是朋友，可以是同事，可以是亲人。直白地说，在微信视频号的生态里，你喜欢什么，你就可能被推送看到什么。而内容社交是，根据平台给用户贴“标签”，你喜欢看运动、美食、旅游，平台会继续推荐相关内容给你看。所以视频号是“关系社交”，抖音是“内容社交”。

在此，我想给你解释一个你身边可能会发生的现象：“大妈们玩抖音，为什么数据比你好但是不会火！”我妈妈就在玩抖音，而且每条的点赞数和评论数，都比我任何一条视频号或者抖音号的数据好看。为什么，凭什么呢？我每天都用一个小时剪辑两个账号的日更内容，为什么都 PK 不过我妈妈的数据呢？我给出的答案很简单，这是抖音的规则问题。抖音是有所谓的“流量池”的概念的，你发布的每一条内容都会让陌生的用户先看，他们满意了，完播率很高的话，点赞和评论数据都好看，才会继续推往下一个流量池，直到你的内容“爆”！

可是妈妈们的作品，大多数都是抖音上认识的人来关注和评论的。你可以理解就是在内容社交平台上，用关系社交逻辑运营，导致的是前台数据繁荣，但后台的播放量只有可怜的几百个。那妈妈们会不会火呢？我觉得概率不大。为什么我会这么干脆地给出答案呢，你可以看看我下一个话题！

视频号到底什么人在看?

妈妈们不能在抖音上火，第一是因为她们不可能天天研究平台规则和内容制作的技巧。第二是因为平台更倾向于供年轻用户消遣娱乐。第三是因为太多的账号开始投放抖音广告，已经是专业化团队在运营了。想象一下，一群 50 后至 60 后的阿姨们能不能 PK 过这些人呢? 我觉得世界上没有绝对的事，如果你觉得会有，我觉得也没错。但是你能说出一个火起来的“素人”阿姨账号吗?

我继续说说视频号现在的主力用户。我看了晴天和金点子的后台数据，基本上是 30 ~ 39 岁的女性用户居多。你会说，你又没看全平台的数据，就敢出来瞎说? 其实没必要看全平台的，毕竟你看看身边有多少人知道视频号，多少人在玩视频号，多少人在做视频号就知道了。记住，视频号，我说的是工具平台，不是 APP！所以不要总拿抖音来跟视频号比较，但是你可以拿视频号跟公众号比较。这两个“号”可能是微信里同一个级别的“工具”，但是视频号的“入口的位置”和企鹅赋予它的使命，可能有着新的意义。

视频号的主流用户，我个人判断是，75 后左右的人，包括一部分 60 后左右的人。那你会说，我是 80 后，我是 90 后，我也看到过视频号啊！怎么可能是这些互联网的中老年人呢? 那我问你一个问题，视频号里你关注谁了吗？你看到的内容有没有在抖音里见过？或者说，你觉得自己是视频号的主流用户吗？如果你说我是，我天天在做视频号，恭喜你，你已经可以划入短视频平台的中年人市场了。那你肯定还会说，你不是也在玩视频号吗？凭什么说我是中老年，你不也是吗？

我问三个问题，第一，乒乓球教练会不会打羽毛球？第二，乒乓球教练会不会在公园里跟老头老太太们打羽毛球比赛，讨论战术战略？第三，教练是不是也是一个普通人？那乒乓教练除了专业以外，再打羽毛球是为了什么？锻炼身体？兴趣爱好？还是没事跟大家凑热闹呢？我的答案是，他打不打羽毛球，关咱们什么事？回来说说我做视频号，我做视频号是不是就是来教育别人的呢？别着急，往下看！

视频号到底怎么赚钱?

我做视频号有很多目的，两个账号也不同，赚钱的结果也不一样。先说说“@晴天讲段子”，做这个号的目的有三：记录晴天成长，做视频号运营研究，为企业品牌做软广。我解释给你听，晴天账号粉丝不到2000人，但是大多数是我的学员和微信好友的沉淀存留，大部分人都是30 ~ 39岁的女性。我自身就在这个年龄阶段，所以很容易解读母子之间的话题，夫妻之间的话题，健康成长的话题，生活工作的话题，因此虽然这个账号涉及的内容会比较广，但是我们会聚焦到鸡汤、笑话、知识帖上。看看我的这三个目的，你或许能更好地明白晴天账号的定位。

看完了吗？你或许会问我那到底怎么赚钱呢？直播卖货？品牌软广？我的答案是“一鱼多吃”。我可以在做账号的同时，总结很多方法，写出很多运营经验，甚至可以探索我的新课程开发，为企业讲营销做内容做素材。培训是我的收入之一，也可以算是“@晴天讲段子”的主要价值和作用。其次就是靠广告植入，把各大品牌融入段子里去推广。而这部分是偏品牌推广的，不太用考核KPI，也算是为企业做增值服务的同时反哺我的企业内训素材。

我之所以能坚持发晴天的内容，是因为我没有账号变现的压力，内容是为我的工作赋能，为我的生活记录，所以我能坚持日更，并且父子两人都很快乐。晴天的表达力肯定有所提升，而且面对镜头也不会感到害怕，最关键的是我们不用背台词，就是靠剪辑软件的后期来做出效果。在这里也可以回答所有粉丝的疑惑："为什么晴天能背下来那么多台词？"

接下来说说"金点子"账号吧，你发现我从讲知识到讲鸡汤，现在又回归讲视频号的一些感悟，到底图什么呢？我的目的就是一个，在有流量的内容上长期打造我的个人 IP。IP 到底是什么，我不给你具体解释了，但是在培训的这条路上，我需要不断持续优化我的标签，通过我的内容让你记住我，喜欢我，最后上我的课。从新媒体到"搜索"，从电商到传统培训，我一路走来，目前留下的标签应该是——"金点子"！我的想法很快，很多，很有意思。点子和创意是很多人不具备的，我可以占据这个跑道，持续为企业想办法，借用合适的创意做好新内容营销。

你会问，我要不要把课程放在视频号里讲，卖课行不行？我的答案是，不好，也不仗义。因为这样伤害了我的培训机构，也对不住培训经纪，而更大的损失是我的价值流失了。我也回想过，直播可以解决一部分讲课卖课的问题，但是我还没有准备好变道，我在没有某个领域登顶之前，还是选择坚持输出，直到被平台认可，被大众认可，我才会全身而退。

你肯定会问，到底怎么做视频号呢？怎么定位呢？怎么拍摄呢？怎么写脚本呢？跟谁学呢？别慌，往下看！

视频号到底怎么运营?

我的经验之谈：自力更生，坚持不懈，懂得借鉴，寻找价值。

自力更生，我们要自己做内容，自己转发，不要一味地借鉴优秀的作品，不要等着流量自己来，一定要学会自主运营。比如分享朋友圈，主动推送给对的人看，包括引导大家来视频号里点赞。

坚持不懈，就是可以像我一样日更，不要停，一旦懒了，就会功亏一篑。我很多朋友都以出精品为原则，选择不日更，但是结果怎么样，只有他们自己知道。

懂得借鉴，做内容最快的手段就是向那些优秀的内容借鉴技巧，不是傻乎乎地重新拍一遍，而是要根据自己的人设好好演绎，不会的话，你可以找我给你指导。

寻找价值，这里我很赞同视频号那帮男神（大叔）的观点，交个朋友。确实，在直播间卖课的大有人在，在直播间卖东西要礼物的也不少，但是真正在直播间做爆的有几个呢？我不敢说没有，肯定有，只是我目前还没看到，但是没看到不等于不存在，也希望更多的带货达人在这个平台做起来，给企业一些信心吧。

作为企业，该不该做视频号？

每一个平台都有存在的意义，特别是对传统企业来说，每一个新的流量尝试，都是对自己产品的检测。你可以说你错过了淘宝京东，错过了抖音快手，但是我不建议再错过视频号这个机会。视频号真的是私域流量和公域流量最好的结合点，打通小程序，打通视频号直播，打通京东，打通公众号，打通微信支付，未来还会打通更多渠道，那这些流量你是要还是不要呢？

企业主也好，市场部负责人也好，你想了解视频号的玩法，我还是建议先找我聊聊，毕竟谁的钱都不是大风刮来的，不要上来就外包，也不要上来就组团队，更不要上来就下多大的 KPI，我们一步步跟着企鹅的脚步，肯定有肉吃，有粥喝！

我也希望更多的人能加入视频号的世界里，没有对比就没有胜出，没有竞争就没有市场。我做视频号的原则就三句话，“同样是做，我就比别人早一点，同样是好，我就比别人做得好一点，同样是坚持，我就比别人做得更久一点！”

老话说，嫌你穷怕你富的，肯定是你身边的人，如果我们不是这样的关系，那我就会全力帮你，毕竟我们面对的人，所做的事情都不一样，即使一样，我们也可以做账号矩阵，做内容联盟，天下那么多食客，不可能一个厨子就能搞定，你说呢？更多的外平台成熟账号也在慢慢进入视频号，他们的后续爆发也不可小视，但是只要有服务商的出现，这个平台也就没得玩了。

关于头部的账号和一些第三方数据平台，我也想说几句。谢谢你们的努力和付出，没有你们在我们前面努力，我怎么能知道自己哪里不足，哪里需要调整呢？可我也要衷心劝告一下，别拿前台数据去糊弄品牌商投广告，还是多看看后台数据，那才是硬道理。粉丝多，不牛，点赞数多，不牛，评论数多，不牛，能帮企业解决他们想要的问题，才是最牛的！

如果非要说声“感谢”，我最想说的是：“你若安好，便是晴天！”

太多人问我赚不赚钱，我的答案是，陪晴天的快乐，是多少钱也买不回来的，加油晴天，我们会是世界上最快乐的父子之一。

附录

金满铮金点子——视频号100条心得台词

声明：台词来自本人的个人观点，与平台无关。

001. 拍视频号，一定要拍别人想看的，所以你是谁不重要，重要的是别人认为你是谁！所以你要把你擅长的，用别人喜欢的方式，再表达一遍。

002. 做视频号不要一上来就原创，因为你的内容不一定被大家喜欢，所以要学会借鉴别人优秀的作品，取他人所长补己之短。

003. 拍视频号你一定要懂得坚持，你只有坚持日更，你的视频号才有机会破圈。

004. 做视频号，每条内容里最好包含四个点：第一个是别人想听的，第二个是别人听得进去的，第三个是你可以说的，第四个才是你特想说的。

005. 做视频号你应该看重的是粉丝的质量，而不是粉丝的数量，因为质量越高，变现就越快。

006. 做视频号，玩的是关系社交，做抖音玩的是内容社交，所以在做关系社交之前，你一定要经营好你的朋友圈，因为朋友圈的流量，会影响你视频号的基础播放量。

007. 做视频号，一定要让你的观众，你的粉丝，去你的视频里点赞，不要在你的朋友圈点赞，因为朋友圈点赞，它不能影响你的播放量。

008. 做视频号，只有两种内容容易火，一个是烧脑的干货，一个是“无脑”的娱乐，所有的内容，都要有提升人家情绪的价值和实用的价值。

009. 抖音，做的是陌生人的生意，通过精准的流量变现，让你的内容为你赚钱，而做视频号，做的是熟人社交，通过你的关系赚钱，让爱你的人为你付费。

010. 做视频号一定要有人物设定，也就是你的人设要鲜明有特点，因为所有的产品未来都会一样，只有人设各有各的不同，所以不管你未来带什么货，先把你的人设立住。

011. 怎么强化视频号的人设呢？你可以通过你的服装，通过你的口头禅，通过你的背景，或者一些道具来强化别人对你的认知，重点就是，每一个人设都要放一个槽点。

012. 视频号想赚钱基本就靠三个方法：第一个，粉丝量足够大，你就可以接广告；第二个，在直播间进行内容的打赏；第三个就是把你会的内容变成课程，卖给更多的人。

013. 做视频号没有做一条就能爆发的，所以一定要先完成后完美，用你的数量改变你的质量，坚持 100 天，然后再来验证我说得对不对。

014. 只要你做视频号，一定会有人告诉你，内容为王，一定要把内容做好。好的创意、好的内容、好的脚本其实都可以进行二次拼凑，好的内容拼的就是看得多、听得多、拍得多、剪得多。

015. 做视频号一定要学会降维打击，你可以把好的内容，从更多的平台，搬到视频号的平台，但是前提是一定要进行二次修改，因为认知差和信息流的买卖，永远都不会过时。

016. 做视频号一定要有好的脚本，要先讲故事，后讲观点，然后再出解决方案，最后在结尾再放一个供大家讨论的话题，让你的观众成为你的参与者。

017. 做视频号就要写台词，在写台词之前，一定要干的三件事：洞察生活、理解人物、懂得观众。

018. 做视频里的内容，越是地方的语言，就越有流量，越容易产生共鸣，因为每个人都有自己的家乡，都更倾心于自己家乡的文化。

019. 我总结的视频号带货公式：人性传播 + 专业知识 + 产品表达。

020. 视频号里的好内容分两种，一种是你喜欢的，点赞收藏，为了你以后再看。而第二种是你认同的，你会转发给别人去看。

021. 同样的台词，谁的表演更夸张，谁就更容易火。记住了，现实生活中的你和视频中的你，不是同一个人，越有反差，越容易被别人记住。

022. 在拍摄视频之前，你可以学习别人的特点，有一个词叫对标。你可以对标别人的画面风格，对标别人的字体，对标别人的背景音乐，对标别人的台词，对标别人的表演形式。

023. 拍视频不要一镜到底，如果说错了，就 NG。不同的视角多拍几个镜头，切换不同的人物，效果可能会更好。

024. 如果你是口播类的博主，我建议你的内容一定要加字幕，字幕上的字体很重要，大小也很重要，包括断句就更重要了，它们可以方便别人阅读。特别是在晚上，别人看的时候就算调低了音量，也能读懂你想表达的意思。

025. 为了我们的完播率，我们尽量做到内容精简，把好玩的有趣的放在前面，把结果和彩蛋放在最后。

026. 当你的内容过于“干燥”，过于专业的时候，我的建议是增加贴纸，增加音效，还有好的背景音乐，它们能帮助你增加更多的流量。

027. 不论是哪个平台，好的音乐一定是好的流量，流量密码可能就是背景音乐。因为潮流即流量，好的音乐可以让你循环一天，还令人流连忘返。

028. 给视频加音效或者加音乐，一定要注意的三个点：你的音量不要超过你口播的声音，选择淡入淡出可能增加更好的视听效果，注意音乐的版权。

029. 做视频号一定要看后台数据，因为人群画像太重要了，你想靠什么变现，取决于谁关注了你，关注了你什么内容。

030. 做视频号一定会受到别人的抨击，也一定会受到别人的点赞，所以不要在乎别人怎么看你，只要做好你自己该做的内容就行，而且越抨击越点赞就越有流量。

031. 自己看完两遍再点赞，每天四次分享朋友圈，微信群里日更发红包，推荐精准用户不能变。说到分享，有三个关键词：传播渠道、时机和引导语。

032. 提高你做视频号的四个步骤：去创作，去做实践，优化内容，往复循环。

033. 如果你的创作灵感枯竭了，我有四个方法能帮助你，看书、听歌、看电影，跟一些朋友聊聊天。

034. 世界上没有所谓的垃圾，只有你放错了位置的东西，你认为抖音上有流量的，视频号不一定都有流量，而视频号上为你点赞的人，他们不一定在抖音上。

035. 视频号的运营，一定要抓住时间节点，能蹭什么流量，就蹭什么流量。如果官方出了一些话题，一定要积极参与。

036. 如何强调你的人设呢？我的建议是，用你的人设心态，去回复每一个人的评论。

037. 做视频号到底该怎么选话题呢？我觉得分四步：先选自己关注的话题，再选你的观众和粉丝们关注的话题，再去关注平台关注的话题，然后去关注社会关注的话题。

038. 想让你的视频号增加更多的关注，你要做好以下三步：你的内容要持续输出价值，你要在画面里引导别人加关注，你要在视频号的结尾给别人关注你的理由，可以用一些礼物和彩蛋去吸引对方。

039. 不论你做什么视频，品位和专业永远和流量成反比。只有娱乐和新闻才会跟流量成正比。

040. 想让你的视频号数据好看，一定要懂得“天时地利人和”。看看你平台上有没有人，看看你兜里有没有钱，再看看你脑子里有没有货。

041. 无论你视频号做得多好，你的粉丝永远多不过你的路人，在不伤害你的粉丝的前提下，多去迎合路人的口味，可能你的效果会比原来更好。

042. 视频号是基于微信生态而产生的，所以它的工具性要比它的娱乐性更重要。未来使用它的场景会更多，所以你可以通过它来表达产品，表达企业，甚至表达自己。

043. 做视频号的你，不需要成为行业里的第一，成为行业里的唯一就行。因为有一个词叫千人千面。只要你在你的朋友圈里，在某一个领域里做到最专业，其实就够了。

044. 通过视频可以卖产品，无论是帮自己宣传，还是帮别人宣传。产品一定要分为四类：引流款、爆款、利润款、品牌款。

045. 做视频号混圈子重要吗？我的答案是重要！切记，不是因为你进了什么圈子，就会变成什么样，而是你变强了，就会进入更好的圈子。

046. 什么样的内容赛道，可以让你持续输出呢？我的答案是，你热爱的内容。

047. 做视频号，我坚信大多数人都赚不来钱，但是能提高你的个人品牌价值，如果你能坚持做，它未来一定会成为你最好的社交名片。

048. 做视频号尽量真人出镜，所有的知识和所有的产品都可以被替代，只有你这张脸是世界上独一无二的。

049. 做视频号的内容，一定要懂得人性传播。

050. 不论是你直播变现带来的钱，还是通过内容软广带来的收益，我的建议是你第一时间通过红包的方式分享给你的铁粉，因为只有懂得分钱，你才能做到内容和账号的裂变。

051. 拍视频到底要不要买设备呢？我的答案是可以买！但买设备是提高你画面的质量和保证你的画面好看，它对于你画面本身的内容，其实只是加分项。

052. 做视频号到底什么人更适合呢？我觉得是以下四种人：做电商的、做保险的、做直销的、做社交电商的。

053. 你想想做短视频和做直播是不是两件事。做短视频的人不一定能做好直播，做直播厉害的人，他们的短视频作品也不一定被很多人点赞。

054. 知识可以学习，经验可以复制，但是做短视频，你必须亲自下场，实干才可以见结果。

055. 不论哪个平台做直播，拼的就是三件事：你的核心竞争力也就是产品和你的供应链，主播的能力和直播的时长，运营团队的能力。

056. 你只有玩一段时间视频号后才会发现，天赋真的比努力更重要。

057. 如果做视频号不赚钱，你还会坚持吗？我的答案是，我会坚持。因为做视频，我又获得了一项人生技能。

058. 如果有人想教你写爆款文案，教你如何起号，如何去做定位，我的建议是，看见一个拉黑一个。

059. 视频号上的作品，你也可以放到其他平台，但是要根据平台的特点，去调整你的文案，调整你的运营逻辑，因为每一个平台，观众是不一样的。

060. 不论你做什么行业，做视频号可以先上手的内容，一定是鸡汤视频。

061. 做视频号到底有什么好处呢？我觉得最少有三点：拓展你的人脉关系，增加你的变现渠道，提高你的沟通效率。

062. 剪辑软件很多，我建议从免费的开始用。

063. 在你运营视频号的过程中，一定会遇到黑粉，和那些不认同你的人。我的建议是，不否定自己，也不否定别人，而是用你的方式，去引导他跟你交流。

064. 视频号运营，就像生孩子一样，既然把他生下来，就要好好待他。拉下你的面子，多去问问别人想听什么，多去想想怎么优化你现在的内容。

065. 在视频号运营过程中，你要学会适当的犯错和示弱。因为只有这样，别人才会跟你交流，太强势别人也不见得会喜欢。

066. 如果你的视频内容过长怎么办？我的建议是把它拆成上下集，或者是分成系列，让别人慢慢看，这样能提高你的完播率。

067. 你实在不知道拍什么内容的时候，我的建议是打开你的朋友圈，看看你身边的好友们，他们都在聊什么。

068. 怎么能捞到“活粉”呢？我的办法是在别人的直播间里打赏，同时也在别人的评论区里留言。

069. 怎能让你的作品上个小热门呢？就是要找到对的话题。我的办法是找 TOP 话题。去同城找话题，去找相似达人的话题，找平台推荐和行业热门话题。

070. 做视频号一定要选内容选赛道，选赛道要从一个点开始，而不是从一个面开始，如果你的内容足够垂直，足够细分，那你成为头部的账号的机会就很大。

071. 当你把作品推荐给朋友看的时候，是你在帮他，而不是他在帮你。因为内容创造价值，所以你在转发之前，你要好好评估一下自己的作品，是不是真的有趣或者对别人有用。

072. 当你把做视频号这件事变成了一个肌肉记忆，那我觉得你离赚钱就不远了。

073. 通过发视频号我发现一个现象：朋友圈里把你屏蔽的人，他们看不到你的视频作品，和你点赞过的内容。

074. 给你视频点赞的人，一定是喜欢你，并且支持你的人。但不给你点赞的人，他不一定讨厌你，但他可能不希望你过得比他好。

075. 如果你打算做直播，那你必须练好 4 个技能：懂得互动、说话幽默、能讲故事、会打比方。

076. 拍视频之前，一定要调整好心态。要先处理好情绪，后处理好事情。

077. 做好视频号，你一定要保持一颗好奇之心、好胜之心，还有好“色”之心。

078. 当你做视频号的时候，一定会遇到各种各样的问题，你可以尝试着问自己三个为什么，如果找到了答案，那你的问题就解决了，如果还没找到，你就问问身边曾经做过的人。

079. 做内容重要的三个点：你的内容是不是围绕你的人设展开的，你身边的人愿不愿意为这个视频点赞，你身边的人的身边的人愿不愿意也为你的内容点赞。

080. 你的常识可能是别人的知识，所以在你表达自己的内容的时候，一定要通俗易懂，能打比方的就打比方。所以我总结了三个字：说人话。

081. 不论你是做视频号还是做营销，一定要学会利他，同时也要学会做减法。

082. 如果每个人都能成为网红，那网红就真的不值钱了。我姥姥曾经说，人怕出名猪怕壮。做内容，且行且珍惜。

083. 做视频号的同时，要经营好你的朋友圈，如果你还有公众号，那就三辆马车一起跑！

084. 作为企业老板，你放弃了视频，就等于放弃了未来。所有的业务，所有的买卖，都可以用短视频再做一次。

085. 想做视频号就花点钱去学习，要不就花点钱让别人代运营，如果不想花钱，那就自己组建团队，如果你连团队都没有，那我劝你，早点放弃。

086. 如果你想打造个人 IP，一定要给自己多贴几个标签，因为每一个标签，都能给你带来流量。

087. 不论你做视频号多长时间，如果你身边的人反对你，你都应该去理解他们，因为不是每一个做视频号的人都能成功。但是如果你身边有人支持你的话，那你应该加倍努力。

088. 做短视频的人很多，做视频号的人也很多。如果你没有吃到葡萄，就不要说葡萄酸。如果你吃到葡萄，就别说葡萄脏！

089. 你的每个作品都可以去 @ 账号。这些账号可以是行业里的，也可以是行业外的。因为有一个词，叫跨界合作。他们的流量，可能会给你带来价值。

090. 每个人的微信里都有几个大咖。不论是你行业里的，还是行业外的，你要不要把你的作品也给他们看看呢？

091. 做视频号的初心可以是赚钱，也可以是记录生活，如果你的目的是赚钱，那就要学会厚脸皮！因为有时候如果你脸皮太薄，可能你就要要饭了！

092. 不论你是做视频号，还是其他平台，短视频只是帮你卖货的一个手段，或者是渠道。所以在做这个事情之前，你要考虑你的产品和服务，到底好不好？

093. 做视频号你可以赚到钱，它可以为你赚到小钱，比如卖课程卖产品，同样也可以为你赚大钱，比如通过招商去引资，去合作。但是赚钱最好的方式，是慢慢赚。

094. 视频号不会成为任何一个人的全部，但是它可以帮助任何一个人，记录他全部的成长。

095. 视频号的数据真的是跌宕起伏，有的时候可以破几十万，上百万，有的时候就几十个，这让我想到我的那句人生格言：在顺境中别飘，在逆境中别倒。

096. 你可以放弃视频号，也可以放弃手中的手机，你也可以放弃生活中的一切，但是你一定不要放弃你自己！

097. 我承认视频号是一个新的风口，曾经有人说过，风来了猪都会飞，但是风走了，你还会是那只猪吗？是不是你已经变成别人餐桌上的火腿肠了呢？

098. 做视频号我不知道你会感谢谁，但我会感谢一个人，因为只有他在坚持，在做，让我觉得他很厉害，他很有趣。而那个人，就是我自己！

099. 视频号就是微信生态里的一个工具，如果你想不明白，就想一想公众号是怎么回事？视频号就是微信公众号的视频化！

100. 感谢你能看到这一条，也是这 100 条里的最后一条，我希望你能把你的感受，写在评论区里，让我也看到，好吗？